Duden

SMS Schnell-Merk-System

Abi Deutsch

Dudenverlag
Berlin

Inhaltsverzeichnis

1 Sprache und Sprechen

Wichtige Begriffe

Begriff	Beispiele
Sprache Der Begriff Sprache bezeichnet ein **System von Zeichen** zum Zweck der Kommunikation. Man unterscheidet zwischen **natürlichen** und **künstlichen Sprachen.**	*natürliche Sprachen:* Deutsch, Englisch, Italienisch *künstliche Sprachen:* Programmiersprachen, Esperanto
Sprachfamilien Sprachfamilien umfassen unterschiedliche, aber nachweisbar miteinander verwandte Sprachen.	Indoeuropäisch, Turksprachen, Indianersprachen
Kommunikation Kommunikation ist die Übermittlung von Informationen von einem **Sender** zu einem **Empfänger** mithilfe von **Zeichen.** **Verbale** Kommunikation erfolgt mithilfe der Sprache. **Nonverbale** Kommunikation erfolgt mit anderen Mitteln als mit Worten.	Mimik, Gestik, Blickkontakt, Körperhaltung, Sprechlautstärke

1.1 Sprache – Denken – Wirklichkeit

Sprache als System von Zeichen

Das Zeichenmodell von Ferdinand de Saussure

Anfang des 20. Jh. entwickelte Saussure die Theorie des sprachlichen Zeichens. Er unterteilt das sprachliche Zeichen in zwei untrennbar miteinander verbundene Bestandteile: das **Lautbild** (Ausdruck) und die **Vorstellung** von dem Gegenstand (Inhalt). Zwischen Inhalt und Ausdruck eines Zeichens besteht eine wechselseitige Beziehung.

Beispiel: Das Lautbild „Stuhl" ruft den Gegenstand ins Gedächtnis, umgekehrt evoziert der Gegenstand das Lautbild.

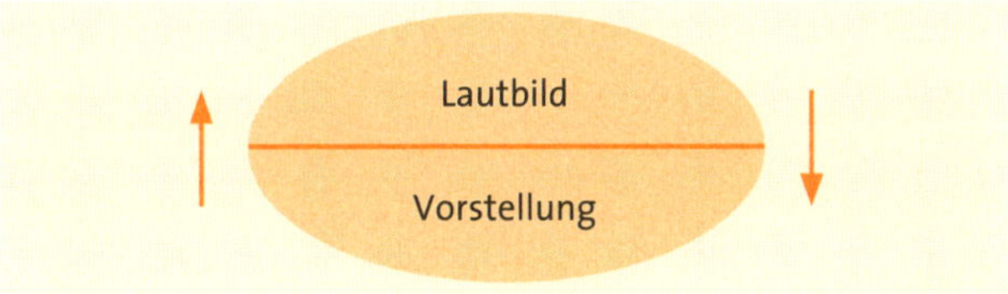

Die Verbindung zwischen dem Zeichen und dem, was es bezeichnet, ist völlig willkürlich (**arbiträr**). Das zeigt die Tatsache, dass unterschiedliche Sprachen verschiedene Lautbilder für dieselbe Sache hervorgebracht haben. Innerhalb einer Sprachgemeinschaft ist die Zuordnung durch **Konvention** festgelegt und kann vom Einzelnen nicht geändert werden.

Das Zeichenmodell von Ogden und Richards

Während das Modell von Saussure zweiseitig ist, nimmt das **semiotische Dreieck** von Charles Kay Ogden und I. A. Richards als zusätzliche Komponente noch das konkrete Objekt auf. Denn nach Ogden/Richards lässt sich die Bedeutung eines sprachlichen Zeichens nur erfassen, wenn es von einem Sprecher benutzt wird, um auf etwas in der außersprachlichen Wirklichkeit hinzuweisen.

Das semiotische Dreieck

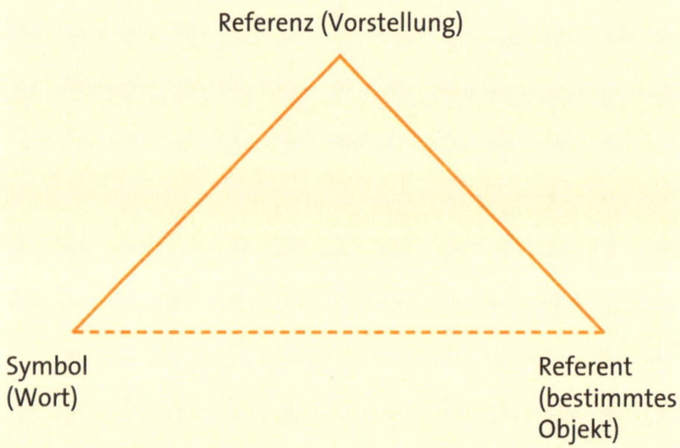

Die gestrichelte Basislinie des Dreiecks veranschaulicht, dass es keine notwendige Verbindung zwischen dem Namen und der Vorstellung gibt, sondern dass diese Zuordnung erst durch den Zeichenbenutzer geleistet wird.

Beispiel: Benutzt ein Sprecher die Lautkette „Tisch“, wird erst in der individuellen Sprechsituation diese Lautkette dem konkreten Gegenstand zugeordnet. Seine spezifischen Eigenschaften (z. B. Eichenholz, Metallbeine, ausziehbar) sind in dem abstrakten Begriff nicht enthalten.

Sprache und Denken

Das Verhältnis von Sprache und Denken

Die Frage, ob Sprache und Denken identisch oder unabhängig voneinander sind, wird schon seit der Antike diskutiert. Dabei stehen sich zwei Theorien gegenüber, über die bis heute ein Meinungsstreit besteht:

- Bis in die Neuzeit war es in der **Philosophie** gängige Meinung, dass das Denken kein vom Sprechen getrennter Vorgang sei.
- Beeinflusst durch die **Psychologie** entwickelte sich im 20. Jh. die These, dass das Denken von der Sprache unabhängig ist. Denn eine völlige Identität von Sprache und Denken würde nicht zwischen dem gesprochenen Wort und dem gemeinten Gedanken unterscheiden.

Die Sapir-Whorf-Hypothese

Die auf die amerikanischen Sprachforscher Benjamin Lee Whorf (* 1897, † 1941) und Edward Sapir (* 1884, † 1939) zurückgehende Theorie über das Verhältnis von Sprache, Denken und Wahrnehmung von Wirklichkeit beruht auf dem Vergleich des Hopi, einer von den europäischen Sprachen unabhängigen nordamerikanischen Indianersprache, mit den europäischen Sprachen.

Aus den Ergebnissen der Untersuchung leiteten sie folgende noch immer umstrittene Thesen ab:

- Unterschiedliche Sprachgemeinschaften erfassen die außersprachliche Wirklichkeit nicht alle in gleicher Weise, sondern abhängig von Grammatik und Wortschatz (**linguistisches Relativitätsprinzip**).
- Der Einzelne kann die Umwelt nur in den sprachlichen Kategorien seiner Sprachgemeinschaft erfassen, d. h., Denken und Wahrnehmung sind durch die Sprache determiniert (**sprachlicher Determinismus**).

1.2 Verständigung durch Sprache

Kommunikationsmodelle

Kommunikationsmodelle stellen meist grafisch den Ablauf von Kommunikation mit den dafür notwendigen Elementen (Bedingung, Verlauf, Situation, Absicht u.Ä.) dar.

Das Organon-Modell von Karl Bühler

In Anlehnung an den antiken Philosophen Platon ist für Bühler die Sprache ein Mittel (griech. organon), um etwas mitzuteilen. Nach Bühler sind beim Sprechen drei Elemente beteiligt:

- Sender,
- Empfänger,
- Gegenstände und Sachverhalte.

Organon-Modell nach Karl Bühler 1934

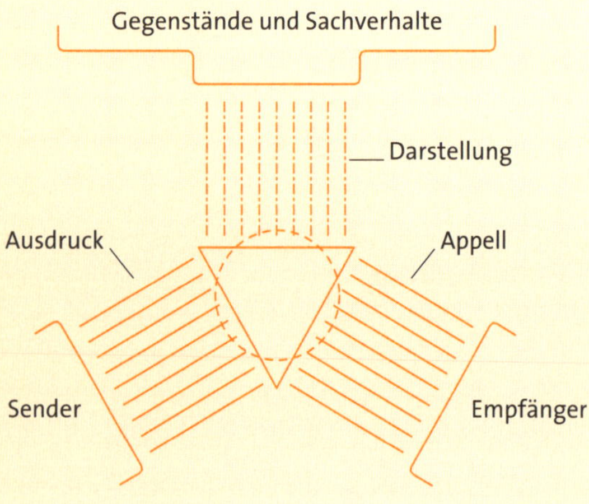

Durch das **Sprachzeichen Z** treten Sender, Empfänger und Gegenstände/Sachverhalte in einen Sinnbezug zueinander:

- Richtet sich der Sinnbezug auf den Sender, hat das Sprachzeichen die Funktion des **Ausdrucks.**
- Richtet sich der Sinnbezug auf den Empfänger, hat es die Funktion des **Appells.**
- Zielt der Sinnbezug des Sprachzeichens auf die Gegenstände, hat er die Funktion der **Darstellung.**

Jede sprachliche Mitteilung enthält alle drei Funktionen, allerdings steht immer eine Funktion im Vordergrund (**Dominanzphänomen**). Welche Funktion in einer sprachlichen Äußerung überwiegt, hängt von der Sprechabsicht (Intention) ab.
Beispiel: Die Mutter sagt zum Kind: „Dein Zimmer sieht unordentlich aus."

- **Darstellungsfunktion:** Sachverhalt: Der Zustand des Zimmers ist nicht angemessen.
- **Ausdrucksfunktion:** Mutter: Mir gefällt das so nicht.
- **Appellfunktion:** Mutter an Kind: Du musst Dein Zimmer aufräumen.

Kommunikationsregeln nach Paul Watzlawick

Der Psychotherapeut und Kommunikationsforscher Paul Watzlawick (*1921) befasste sich mit der Bedeutung der Kommunikation für zwischenmenschliche Beziehungen und v.a. mit der gestörten Kommunikation.
Grundlegende Annahme: Es ist nicht möglich, nicht zu kommunizieren. Auch durch Schweigen oder Nichthandeln kann etwas ausgedrückt werden.
Daraus folgt: Jede Kommunikation hat einen **Inhaltsaspekt** (Information, Fakten) und einen **Beziehungsaspekt** (zwischenmenschliche Beziehung). Informationen werden durch die **digitale Kommunikation** vermittelt. Wie der Inhalt einer Äußerung aufzufassen ist, wird durch die **analoge Kommunikation**

vermittelt. Sie ist auf die emotionale Seite der Kommunikation bezogen.

Kommunikationsstörungen entstehen, wenn Inhaltsaspekt und Beziehungsaspekt bzw. die digital kommunizierte Information mit der analog kommunizierten Empfindung nicht übereinstimmen.

Beispiel: Der Mann kommt von einer längeren Dienstreise zurück und sagt zu seiner Frau: „Schön, wieder bei dir zu sein." Dabei schaut er sie nicht an und legt ihr nur flüchtig die Hand auf die Schulter.

Kommunikationsmodell von Friedemann Schulz von Thun

Basierend auf dem Organon-Modell (↑S. 10) und auf den Überlegungen von Watzlawick (↑S. 11) geht Schulz von Thun von vier Seiten einer Nachricht aus:

- Der **Sachinhalt** bezeichnet die Information.
- **Selbstkundgabe** bedeutet, dass der Sprecher über sich und seine Befindlichkeit bewusst oder unbewusst etwas mitteilt.
- Durch den **Beziehungsaspekt** werden Du-Botschaften (wie ich dich sehe) und Wir-Botschaften (wie ich unsere Beziehung sehe) vermittelt.
- Der **Appellaspekt** beinhaltet eine Einflussnahme auf den Empfänger, etwas zu tun oder zu lassen.

Kommunikationsmodell von Friedemann Schulz von Thun

Beispiel: Ein Mann und eine Frau sitzen beim Abendessen. Es gibt Salat, Käse und frisches Baguette. Er sagt: „Du, wir hatten auch schon lange kein Gulasch mehr.“

- **Sachinhalt:** Es gab längere Zeit kein Gulasch.
- **Selbstkundgabe:** Ich möchte wieder einmal Gulasch essen.
- **Beziehungsseite:** Deine Art zu kochen gefällt mir nicht.
- **Appellseite:** Du sollst wieder einmal Gulasch kochen.

Nicht alle vier Seiten der Nachricht werden ausdrücklich mitgeteilt. Der Empfänger kann seinerseits auf jede der vier Seiten der Nachricht reagieren. So können die gesendete und die empfangene Nachricht übereinstimmen. Ihre Nichtübereinstimmung gibt Anlass für **Missverständnisse** und **Kommunikationsstörungen.**

Erste Laute

Schreien des Babys

äußert Zufriedenheit	äußert Missbehagen	reagiert auf menschliche Stimme (v. a. der Mutter)

Babbeln und Lallen

Einzelne Silben werden zu Silbenketten verbunden.

bababa, dadada, mamama

Funktion:

- Vergnügen des Kindes
- Übung im Artikulieren
- Die Lautbildungen, die Wörtern am ähnlichsten sind, werden von den Eltern durch Ansporn und Lob ausgewählt. So lernt das Kind erste Wörter zu bilden.

Erste Wörter

- Zuerst Benennung dessen, was sich bewegt,

  Tiere, Menschen, Fahrzeuge

- danach Benennung dessen, was bewegt wird,

  Spielsachen, Kleidungsstücke, Haushaltsgegenstände

- schließlich Benennung von Besitzern, Empfängern, Orten, wobei Relationen von Besitzer und Gegenstand durch Zeigen kenntlich gemacht werden.

  Omas (Brille), (für) dich

Erste Wörter (Fortsetzung)

Kinder lernen Grenzen von Begriffen. Es kommt zur

- Überdehnung: Ein Begriff wird für etwas verwendet, für das er nicht verwendet werden kann.

  „Wauwau“ bezeichnet alles, was ein weiches Fell hat, also auch Plüschkissen oder Pelzmantel.

- Unterdehnung: Ein Begriff wird für nur eine Sache verwendet.

  „Wauwau“ bezeichnet nur einen bestimmten Hund.

- Analogiebildung: Ein Begriff wird auf analoge Situationen übertragen.

  „An“ bedeutet auch Aufdrehen des Wasserhahns.

Zweiwortsätze

Sie bezeichnen:

- Vorhandensein/Nichtvorhandensein

  Auto weg, Papa da, da Keks

- Handlungen und Handlungsträger

  Mama essen, Baby weint, ich laufen

- Objekt und Handlung

  Roller fahren, das haben, das machen

Dreiwortsätze

Sie stellen die erste Bildung grammatischer Strukturen dar.

- Flexionsendungen beim Verb

  Ich mache (statt: machen) das.

- Kongruenz von finitem Verb und Subjekt

  Das Auto kommt.

2 Sprachwandel

Wichtige Begriffe

Begriff	Beispiele
Sprachwandel	
Der Begriff bezeichnet die Veränderungen der Sprache im Laufe ihrer Geschichte. Die Veränderungen können betreffen:	
■ den Wortschatz,	*neuer Wortschatz:* Computer, Euro *nicht mehr gebräuchliche Wörter:* harren, mir deucht
■ die Formenbildung,	ahd. hilfu – nhd. ich helfe, „backte" anstelle von „buk",
■ den Lautwandel.	mhd. zît – nhd. Zeit, mhd. guot – nhd. gut
Standardsprache	
Der Begriff bezeichnet die mündliche oder schriftliche Sprachform, die als **überregionales Verständigungsmittel** benutzt wird und die Unterschiede zwischen den einzelnen Dialekten überbrückt.	
Sie ist in Aussprache, Grammatik und Rechtschreibung **normiert** und wird v.a. in der Öffentlichkeit verwendet.	Schule, Fernsehen, Zeitungen, Rundfunk, politische Reden, literarische Texte

2.1 Entwicklung der deutschen Sprache

2

Die deutsche Sprache gehört zur Sprachfamilie der indoeuropäischen (indogermanischen) Sprachen. Die **indoeuropäischen Sprachen** waren wahrscheinlich bereits in der Jungsteinzeit (5. Jahrtausend v. Chr.) über ganz Europa sowie Teile Vorderasiens und Vorderindiens verbreitet.

In den beiden Jahrtausenden vor Christi Geburt trennte sich durch die **erste (germanische) Lautverschiebung** das Germanische von den anderen indoeuropäischen Sprachen, z. B. der griechischen, den romanischen oder slawischen. Aus den Dialekten der westgermanischen Stämme entwickelte sich schließlich die deutsche Sprache.

Das Wort „deutsch“

Das Wort „deutsch“ tauchte erstmals 786 in der mittellateinischen Form **„theodisce“** auf und bedeutete **„Sprache des Volkes“** im Unterschied zur lateinischen Gelehrtensprache. Das althochdeutsche Wort „diutisk“ wurde nur selten verwendet. Erst um 1090 wird das Wort „diutisch“ auf Sprache, Volk und Land angewendet. Noch bis ins 16. und 17. Jh. wird die Schreibung „teutsch“ verwendet.

Althochdeutsch (ca. 750–1050)

Entstehung

Während die erste oder germanische Lautverschiebung in allen germanischen Sprachen auftrat, unterscheidet sich die deutsche Sprache von den übrigen germanischen Sprachen durch die **zweite (hochdeutsche) Lautverschiebung.** Mit ihr entstand das Althochdeutsche, die älteste Stufe der deutschen Sprache.

Die zweite Lautverschiebung betraf große Teile des Konsonantensystems. In einem langen Prozess verwandelten sich u. a. die germanischen Laute „p“, „t“ und „k“ in die hochdeutschen Laute „pf“, „ts“ und „ch“.

Altniederdeutsch	Althochdeutsch	Neuhochdeutsch
appul	apful	Apfel
tiochan	ziohan	ziehen
maken	machen	machen

Die zweite Lautverschiebung begann im 5. Jh. und breitete sich von Süden nach Norden mit abnehmender Intensität aus. Dadurch trennten sich das

- **(Alt-)Hochdeutsche** (v. a. Alemannisch, Bairisch, Fränkisch) im südlichen Sprachraum und das
- **(Alt-)Niederdeutsche** (v. a. Altniederfränkisch und Altsächsisch) im nördlichen Sprachraum, das die zweite Lautverschiebung nicht vollzog.

Die Grenze zwischen Hoch- und Niederdeutsch wird nach dem Ort Benrath bei Düsseldorf **„Benrather Linie“** genannt.

Wortschatz

Aufgrund der Christianisierung der germanischen Stämme erweiterte sich der Wortschatz:

- Es kam zur **Entlehnung** von Wörtern aus dem Lateinischen.
  Beispiele: biscof (lat. episcopus „Bischof“), klostar (lat. claustrum „Kloster“), babes (lat. papa „Papst“)
- Häufiger war unter dem Einfluss der lateinischen Kirchensprache die **Umdeutung** germanischer Begriffe.
  Beispiel: Germanisch got (Neutrum) bezeichnete männliche und weibliche Gottheiten, wurde nach dem lateinischen Vorbild deus zum Maskulinum und bezeichnete nur noch den Gott der Christen.

Mittelhochdeutsch (ca. 1050–1350)

Ebenso wie das Althochdeutsche in zahlreiche Dialekte zerfiel, gab es auch keine einheitliche mittelhochdeutsche Sprache, sondern es standen Regionaldialekte (mhd. lantsprachen) gleichberechtigt nebeneinander. Allerdings begannen die klassisch-höfischen Dichter (↑ S. 28 ff.), sich um eine überregional verständliche Literatursprache, die am Hochdeutschen orientiert war, zu bemühen. Hauptträger dieser Sprache waren v. a. Rittertum und Adel.

Kennzeichen

Die höfisch-ritterliche Kultur hatte ihr Vorbild in Frankreich. Daher wurden viele **Lehnwörter** aus dem Französischen übernommen.

Beispiel: frz. aventure – mhd. aventiure; frz. danse – mhd. tanz

Die **sprachliche Form** des Mittelhochdeutschen unterscheidet sich vom Althochdeutschen in folgenden Merkmalen:

- Die volltönenden Vokale der Nebensilben wurden zu e abgeschwächt.
  Beispiel: ahd. geban – mhd. geben
- Dadurch konnten viele Flexionsformen nicht mehr unterschieden werden, weshalb zunehmend Artikel und Pronomen verwendet wurden.
- Die Vokale der betonten Silben wurden umgelautet, wenn i oder j folgte.
  Beispiel: ahd. mahtig – mhd. mächtec (nhd. mächtig)
- Bei den Konsonanten trat die Auslautverhärtung der stimmhaften Verschlusslaute ein.
  Beispiel: Genitiv: leides – Nominativ: leit
- Es kam vermehrt zu Abstraktbildungen mit -heit, -keit, -ung, -lich sowie Substantivierungen.
  Beispiel: rehtekeit (Gerechtigkeit), das Sein

Frühneuhochdeutsch (ca. 1350–1650)

In der Periode des Frühneuhochdeutschen vollzieht sich die Entwicklung von einer Vielfalt der Schreibdialekte zu einer **einheitlichen Schriftsprache.**

Kennzeichen

Der Wortschatz wird in diesem Zeitraum stark erweitert durch:

- Fachausdrücke aus dem Handwerk, der Seefahrt, dem Bergbau oder aus der Kaufmannssprache,
  Beispiele: Bug, Mast, Ruder, Wechsel, Hanse, Schuldner
- Entlehnung von Rechts- und Wissenschaftsbegriffen aus dem Lateinischen und dem Griechischen.
  Beispiele: multiplizieren, addieren, Differenz, Familie, legal, Diät, Chirurg, Analyse, Metamorphose, Paraphrase

Die wichtigste Lautveränderung ist die neuhochdeutsche **Diphthongierung.**
Beispiel: mhd. mîn niuwes hûs – nhd. mein neues Haus

Neuhochdeutsch (ab ca. 1650)

Die Entwicklung des Neuhochdeutschen ist v. a. von der **Normierung** und **Vereinheitlichung** gekennzeichnet.

- Formale Regeln für die **Großschreibung** bildeten sich bis Ende des 17. Jh. aus.
- **Satzzeichen,** die zunächst der Bezeichnung von Sprechpausen dienten, wurden in grammatisch-syntaktischer Funktion ab Ende des 16. Jh. gebräuchlich.
- Die deutsche **Rechtschreibung** wurde offiziell erstmals 1901 für Deutschland, Österreich und die Schweiz geregelt und durch das „Orthographische Wörterbuch" (1880) von Konrad Duden festgehalten. Die neugeregelte amtliche Rechtschreibung wurde am 1. 8. 1998 eingeführt.

Im Zuge der Industrialisierung verstärkte sich ab dem 19. Jh. der **Einfluss des Englischen**, v. a. im Wortschatz, seit 1945 der **Einfluss des Amerikanischen.**
Beispiele: Kartell, Streik, flirten, Work-Life-Balance, Download

2.2 Die deutsche Gegenwartssprache

Deutsche Gegenwartssprache im ständigen Wandel

Allgemeine Einflussfaktoren

gesellschaftliche Veränderungen	naturwissenschaftlich-technische Entwicklungen	historische und politische Ereignisse
▼	▼	▼
Massenmedien, ökologisches Bewusstsein, zunehmende Individualisierung	Computer- und Kommunikationstechnologie (↑ S. 24), Gentechnik	Fall der Mauer, Krieg im ehemaligen Jugoslawien, Zerfall der ehemaligen UdSSR, Globalisierung

Sprachliche Entwicklungstendenzen

Die allgemeinen, außersprachlichen Einflüsse wirken sich folgendermaßen auf die deutsche Gegenwartssprache aus:

- **Erweiterung des Wortschatzes**

Beispiele: Doku-Soap, Feinstaub, saurer Regen, chatten, Satellitentelefon, klonen, Solidaritätszuschlag, ethnische Säuberung

- **Kurzwortbildungen und Abkürzungen**

Beispiele: Lok(omotive), Studi, Promi, Macho, Aids, NASA

- **Mehrfachkomposita:** Neue Wörter entstehen durch Zusammensetzungen aus mehreren Substantiven, die häufig bis zu viergliedrigen Bildungen gehen.
  Beispiele: Außendienstmitarbeiter, Immobilienhändlerfachtagung
- **Satzverkürzung und Satzvereinfachung:** In der Syntax wird zunehmend anstelle der Hypotaxe (Satzgefüge) die Parataxe (Satzreihe) verwendet.
- **Nominalisierung:** Sie führt zur Zunahme der substantivierten Infinitive und der erweiterten Nominalgruppen.
  Beispiele: durch das bereits in Ansätzen erfolgreiche Programm zur weitgehenden Stabilisierung der globalen Wirtschaft; das Blockieren und Verhindern durchaus notwendiger Reformen
- **veränderte Formenbildung:** Sie ist eine Folge der Tendenz zur Vereinfachung der Sprache und eine Folge des Einflusses der Umgangssprache. Sie lässt sich an verschiedenen Erscheinungen erkennen:
  - Weniger gebräuchliche starke Verben werden zunehmend **schwach flektiert.**
    Beispiel 1: backte statt buk
    Beispiel 2: triefte statt troff
  - Der **Konjunktiv** wird zunehmend mit „würde" umschrieben oder durch den Indikativ ersetzt.
    Beispiel: Sie sagte, sie würde kommen / kommt,
    statt: sie komme.
  - Beim Substantiv geht die Tendenz zum Wegfall des **Genitiv-s,** wenn der Artikel die Beziehung klar macht.
    Beispiel: Bürger des freien Europa
    aber: Bürger Europas
  - In der **Pluralbildung** zeigt sich die Tendenz zur Bildung mit s, häufig auch bei Abkürzungswörtern oder Kurzworten.
    Beispiele: Kumpels, Nackedeis, Loks, Promis, AKWs

Sprachvarietäten

Der Begriff Sprachvarietäten

Der Begriff bezeichnet Sprachen, die neben der Standardsprache (↑S. 16) existieren. Sie stimmen mit dieser in wesentlichen Merkmalen überein, weichen aber z. B. im Wortschatz, in der Formenbildung oder der Aussprache ab. Die Entwicklung von Sprachvarietäten ist gesellschaftlich, geografisch oder politisch bedingt.

2

Umgangssprache

Die Umgangssprache ist die im Alltag verwendete Form der Sprache. Sie liegt nur in mündlicher Form vor und ist überregional verbreitet. Die Grenzen zum Dialekt sind fließend.

Dialekt

Dialekte (**Mundarten**) sind örtlich oder landschaftlich begrenzte Sprachformen. Sie unterscheiden sich von der Standardsprache durch Lautung, Wortschatz, Wortformen und Syntax.

Beispiel: bayerischer Dialekt, Ruhrgebietsdialekt

Soziolekt

Der Soziolekt ist die Sprache einer sozialen Gruppe oder gesellschaftlichen Schicht. Dabei wird die Gruppenzugehörigkeit gerade durch die Verwendung der Sprache hervorgehoben.

Beispiele: Jugendsprache, Männersprache, Frauensprache

Fachsprache

Die Fachsprache (**Berufssprache, Expertensprache**) dient der differenzierten Verständigung über ein bestimmtes Fachgebiet. Sie weist v. a. einen speziellen Wortschatz auf.

Beispiele: Medizinersprache, Juristensprache, Jägersprache

Kommunikationsräume

Kommunikation

E-Mails (elektronische Post)	Soziale Netzwerke (Postings, Kommentare)	Chatrooms (schriftliche Gespräche)

Die Kommunikation im Internet ist durch Merkmale gekennzeichnet, die sich als „schriftliche Mündlichkeit“ zusammenfassen lassen:

- Die sonst üblichen Regeln der geschriebenen Sprache gelten nicht.
- Sprache wird kreativ neu gestaltet.
- Pragmatische Formulierungen werden gegenüber der Schriftsprache bevorzugt.
- Die Schriftzeichen drücken Gefühle und Stimmungen aus.

Damit entsteht ein eigener „Code“ unter den Nutzern des Internets.

Funktion von Internetkommunikation

Die Kommunikation im Internet verfolgt hauptsächlich folgende Ziele:

- Sie dient der schnellen, unkomplizierten Verständigung.
- Sie dient der Abgrenzung der Nutzer von Außenstehenden oder Neulingen.

Merkmale der Internetsprache

1. **Überwiegende Kleinschreibung**
   ▪▪▪▪▪ hallo ich habe gerade deine mail gesehen

2. **Verwendung „gesprochener“ Sprache**
   ▪▪▪▪▪ hab ihn auch lange nich gesehen, weiß nix weiter

3. **Verwendung von (englischsprachigen) Abkürzungen**
   ▪▪▪▪▪ icu: I see you; btw: by the way; asap: as soon as possible

4. **Verwendung von Pausenfüllern**
   ▪▪▪▪▪ also ähm ich weiß jetzt hmm auch nicht so genau.

5. **Großschreibung eines ganzen Wortes drückt Lautstärke aus.**
   ▪▪▪▪▪ ich habe ECHT ne karte bekommen.

6. **Buchstabenwiederholungen drücken markante Betonungen aus.**
   ▪▪▪▪▪ den kleinen find ich echt süüüüüß!!!!!

7. **Verwendung von Emoticons, um das Fehlen von Mimik, Gestik und Tonfall auszugleichen**
   ▪▪▪▪▪ fröhlich :-) traurig :-(fröhliches Zublinzeln ;-) ironisch-trauriger Gesichtsausdruck: ;-(

3 Epochen der deutschen Literaturgeschichte

Wichtige Begriffe

Literaturgeschichte

Der Begriff bezeichnet sowohl die **historische Entwicklung der Literatur** als auch die **Darstellung dieser Entwicklung.**

Darstellung von:
Epochen, Gattungen, Motiven und Stoffen (↑ S. 106 f.)

Die Auswahl, Ordnung und Deutung des Stoffs durch die Literaturgeschichtsschreibung unterliegen oft unterschiedlichen Schwerpunktsetzungen bzw. Methoden.

Deutungsmethoden:
geistesgeschichtlich, sozialgeschichtlich, stilgeschichtlich

Epoche

Der Begriff bezeichnet in der Literaturgeschichte einen Zeitraum, der durch **Gemeinsamkeiten in Stil, Form oder Ideen** geprägt ist. Die Abgrenzung der Epochen gegeneinander ist wegen der vielen Überschneidungen, Verflechtungen und individuellen Sonderformen häufig problematisch.

Überschneidungen:
Klassik und Romantik, Impressionismus, Symbolismus, Fin de Siècle

individuelle Sonderformen:
Friedrich Hölderlin, Jean Paul, Heinrich von Kleist, Franz Kafka

3.1 Mittelalter (ca. 750–1350)

Althochdeutsche Literatur (ca. 750–1050)

Auch nach dem Ende der Antike war das Lateinische das gesamte Mittelalter über weiterhin verbreitet. Die mittelalterliche Literatur war daher zunächst vor allem **lateinische Dichtung,** die in Klöstern gepflegt wurde. Daneben entwickelten sich in Europa auch die germanische und die romanische Volkssprache und es entstand eine **volkssprachliche Dichtung.**

Richtungen der althochdeutschen Literatur

Die althochdeutsche Literatur ist geistliche „Gebrauchsliteratur" zur Vermittlung des christlichen Glaubens oder sie hat heidnisch-germanische Ursprünge.

Werke

Die althochdeutsche Literatur verwirklicht sich v. a. in:

- Übersetzungen lateinischer Texte,
  Beispiele: Vaterunser, Glaubensbekenntnis, Bibeltexte
- Aufzeichnungen mündlicher Dichtung,
  Beispiele: Wessobrunner Gebet (9. Jh.), Muspilli (9. Jh.), Merseburger Zaubersprüche (9. Jh.), Hildebrandslied (um 800)
- Neuschöpfungen christlicher und weltlicher Texte.
  Beispiele: Heliand (um 830), Ludwigslied (881)

Mittelhochdeutsche Literatur (ca. 1050–1350)

Während die althochdeutsche Literatur v. a. religiöse Gebrauchsliteratur war, brachte die mittelhochdeutsche Literatur erstmals eine eigenständige weltliche Dichtung in deutscher Sprache hervor.

Phasen der mittelhochdeutschen Literatur

- Frühmittelhochdeutsche Literatur (1050–1170)
- Klassische Literatur (1170–1250)
- Spätmittelhochdeutsche Literatur (1250–1350)

Einordnung der höfischen Dichtung

Die mittelhochdeutsche Literatur erreichte ihren Höhepunkt während der höfisch-ritterlichen Kultur unter den Stauferkaisern („staufische Klassik") 1170 bis 1250.

Höfischer Roman

Die erzählerische Großform geht auf die französischen Versromane des Chrétien de Troyes (Mitte des 12. Jh.) zurück und hat folgende **formale und inhaltliche Kennzeichen:**

- Versform: vierhebige Reimpaare,
- Gliederung in Gesänge oder Aventiuren (Abenteuer).
- Die Stoffe entstammen häufig dem Sagenkreis des britannischen Königs Artus und seiner Tafelrunde. Der höfische Roman ist daher oft ein **Artusroman.**
- Zentrale Figur ist der höfische Ritter, der in die Welt auszieht und sich in „aventiuren" bewähren muss, um „êre" (gesellschaftliches Ansehen) und göttliche Gnade zu erlangen.
- Es geht nicht um ein naturgetreues Erzählen, sondern um eine Idealisierung der ritterlichen Tugenden.

Aufgaben der Ritter	Ritterliche Tugenden
Dienst für den Herrn	triuwe (Treue, Aufrichtigkeit)
Dienst für Kirche und Christentum	hôher muot (Tapferkeit)
Frauendienst	mâze (Mäßigung, Anstand)
	êre (Ansehen, Würde)
	milte (Freigebigkeit)
	stæte (Beständigkeit)

Deutschsprachige Vertreter des höfischen Romans sind:

- **Hartmann von Aue:** Er schuf um 1200 die ersten mittelhochdeutschen Artusromane, „Erec" und „Iwein". Erec verstößt gegen die Ritterpflichten durch übertriebene Minne, Iwein vernachlässigt die Ehe durch übertriebene Ritterschaft.
- **Wolfram von Eschenbach:** Sein „Parzival" (1200–10) kreist um die Frage, wie sich höfische Wertvorstellungen und christliche Glaubensgrundsätze zueinander verhalten.
- **Gottfried von Straßburg:** Sein Roman „Tristan und Isold" (um 1210) gestaltet den Konflikt zwischen einer alle geltenden Normen übersteigenden, absoluten Minne und der „êre".

3

Minnesang

Mit Minnesang werden verschiedene Formen mittelhochdeutscher Liebesdichtung des 12. bis 14. Jh. bezeichnet, die von den Dichtern, die zugleich auch die Komponisten und Sänger waren, in der höfischen Gesellschaft vorgetragen wurden.

Der Begriff der Minne

Der mittelhochdeutsche Begriff bedeutet Nächstenliebe, die Liebe Gottes zu den Menschen, die Liebe des Menschen zu Gott und die Liebe zweier Menschen zueinander.

Der Minnesang entwickelte sich in verschiedenen Phasen:

- **donauländischer Minnesang (1150–70):** Die Lieder handeln von dem wechselseitigen Liebessehnen von Mann und Frau und sind natürliche und ungekünstelte Liebeslyrik.
  Vertreter: Der von Kürenberg, Meinloh von Sevelingen.
- **hoher Minnesang (1170–1210):** Die Liebenden sind nicht gleichberechtigte Partner, sondern die Frau wird zu einem für den Sänger unerreichbaren Ideal stilisiert. Im Zentrum steht der Frauendienst, ein fiktives Dienstverhältnis zwischen einem Ritter und der adligen, verheirateten Dame („vrouwe").

Vertreter: Friedrich von Hausen, Heinrich von Veldeke, Heinrich von Morungen, Reinmar der Alte, Albrecht von Johannsdorf

- **niederer Minnesang (ca. 1210 bis 14. Jh.):** Die Lieder preisen die erfüllte, beglückende Liebe zu einem Mädchen („wîp“, „maget“, „vrouwelin“) aus einfachem Stand oder parodieren die Ideale der hohen Minne (dörperliche Poesie).
  Vertreter: Walther von der Vogelweide (Mädchenlieder), Wolfram von Eschenbach (Tagelieder), Neidhart von Reuental (Sommer- und Winterlieder).

Heldenepos

Kennzeichen: Im Gegensatz zum höfischen Roman gestaltet es germanische Heldensagenstoffe und mischt historische Ereignisse mit Mythos und Märchen. Es ist strophisch gegliedert und in Langzeilen abgefasst.

Werk: Das **Nibelungenlied** (um 1200) vereint in 39 Aventiuren die mythische Brunhildsage und den in die Völkerwanderungszeit zurückgehenden Burgundenuntergang. Dabei treffen archaisch-germanische (Rachegedanke) auf höfische Elemente (Dienstmannenstellung).

3.2 Renaissance und Humanismus (ca. 1350–1600)

In der frühen Neuzeit entdeckten Künstler und Gelehrte die klassische Antike wieder. Renaissance (französisch „Wiedergeburt“) und Humanismus, die gleichzeitige literarische und philosophische Strömung, breiteten sich von Italien nach Europa aus.

Zu ihren **geistesgeschichtlichen Merkmalen** gehören:

- Befreiung der Literatur, Kunst und Wissenschaft von der Vorherrschaft der Theologie, die das Mittelalter prägte.
- Entstehung eines neuen Menschenbildes: Der Mensch wird nicht mehr der göttlichen Weltordnung untergeordnet, sondern als sich selbst bestimmendes Individuum angesehen.
- Die diesseitige Lebensgestaltung bestimmt das Denken.

Literarische Formen und Autoren

Neben der neulateinischen Literatur, die antike Vorbilder belebte, setzte sich die **Volkssprache als Literatursprache** durch. Martin Luthers Bibelübersetzung (1534) trug zur Herausbildung einer einheitlichen neuhochdeutschen Schriftsprache bei.

Vertreter

- In Italien entstanden Sonett (Francesco Petrarca) und Novelle (Giovanni Boccaccio, „Das Dekameron", 1348–53).
- Die deutsche Renaissancedichtung beginnt mit dem Streitgespräch „Der Ackermann aus Böhmen" (um 1400) von **Johannes von Tepl.** Persönliches Glück und individueller Wert des Menschen werden gegen die mittelalterliche Auffassung der Nichtigkeit des Lebens und des Einzelnen verteidigt.
- Der Meistersinger **Hans Sachs** stellt in dem Spruchgedicht „Die Wittenbergisch Nachtigall" (1523) Luthers Lehre volkstümlich dar.

3.3 Barock (ca. 1600–1720)

Das Barock war eine Zeit schroffer Gegensätze. Dem Repräsentationsbedürfnis der absolutistischen Höfe, das in der überschwänglichen Prachtentfaltung des Hofs Ludwigs XIV. (*1638, †1715) seinen Höhepunkt fand, standen Armut, Not, Hunger,

Pestepidemien und die Schrecken des Dreißigjährigen Krieges (1618–1648) gegenüber.

Die Literatur übernahm in der Form das kunstvoll Überladene, inhaltlich war sie einerseits von **Todesangst und Weltverneinung,** andererseits von gesteigerter **Lebensgier und Weltzuwendung** geprägt. Diese gegensätzlichen Haltungen fanden einen zentralen Ausdruck im Motiv des **Welttheaters.** In ihm kommt die Vorstellung von der Welt als Theater (theatrum mundi) zum Ausdruck, auf dem die Menschen vor Gott ihre Rolle spielen.

Poetik und Sprache

Im Barock wurde Dichten als Anwendung von erlernbaren Regeln verstanden, die in zahlreichen Poetiken niedergelegt waren. Der Barockdichter war Gelehrter **(poeta doctus).**

Der Begriff der Poetik

Poetik ist die Lehre von der Dichtkunst. Als Regelwerk gibt sie Anweisungen zum richtigen Dichten und Maßstäbe für die kritische Beurteilung der Werke.

In seiner Poetik „Das Buch von der Deutschen Poeterey“ (1624) forderte Martin Opitz eine der europäischen Literatur gleichrangige deutschsprachige Kunstdichtung. In Anlehnung an die antike Poetik des Horaz sah er die Aufgabe der Dichtung im **prodesse et delectare** („nützen und Vergnügen bereiten“).

Barocke Literatursprache

Die barocke Literatursprache diente nicht der Gestaltung persönlicher Erlebnisse, sondern der geistigen Durchdringung gesellschaftlicher oder religiöser Themen.

Sie ist geprägt durch die Verwendung von Redeformeln und rhetorischen Stilfiguren und wirkt durch sprachliche Bilder oft **pathetisch und schwülstig.** Zu ihren **stilistischen Mitteln** zählen:

- **Allegorie:** die Veranschaulichung eines Begriffes durch ein gedanklich fassbares Bild
- **Metapher:** Wörter, die in übertragener Bedeutung verwendet werden (↑ vordere Innenklappe)
- **Antithese:** Die Gegensätzlichkeit im Denken spiegelte sich auch in der häufigen Kombination gegensätzlicher Begriffe oder Gedanken.

Sprachgesellschaften

Autoren, Gelehrte und Mäzene gründeten Sprachgesellschaften zur Pflege der deutschen Sprache. Ihr Ziel war es, die deutsche Sprache von Fremdwörtern, mundartlichen Wendungen und sog. Grobianismen zu reinigen.
Beispiele: Fruchtbringende Gesellschaft (1617), Pegnesischer Blumenorden (1644).

Literarische Gattungen

Lyrik

Die Lyrik blühte im geselligen Leben der Zeit mit Liebes- und Trinkliedern, Schäfer- und Hochzeitsgedichten auf (**Gelegenheitsdichtung**).

Eine der weitverbreiteten Gedichtformen ist das **Sonett** (↑ S. 120 f.). Sein formaler Aufbau bot die Möglichkeit, die Erfahrung der Gegensätzlichkeit auszudrücken: Die Quartette bauen Spannung auf, die Terzette lösen sie.
Zu den verbreiteten **Themen und Motiven** gehören:

- Vergänglichkeit des Irdischen (vanitas) und Allgegenwart des Todes, die nur durch den Glauben und die Hoffnung auf himmlische Seligkeit überwunden werden können.

- Dem „memento mori" (denke daran, dass du sterben musst) steht das „carpe diem" (nutze/genieße den Tag) gegenüber. *Beispiele:* A. Gryphius, „Es ist alles eitel" (1637); C. Hofmann von Hofmannswaldau, „Was ist die Welt" (1679).
- Sinnenfrohe Feier der Jugend und der Liebe *Beispiel:* Hofmannswaldau, „Auf den Mund" (1695)

Schelmenroman (pikaresker Roman)

Im Mittelpunkt steht der sozial unterprivilegierte Schelm (Picaro), der sich mit List durchs Leben schlägt und seine Abenteuer mit kritisch-satirischem Blick auf die Gesellschaft erzählt.
Beispiel: Johann Jakob Christoffel von Grimmelshausen, „Der Abentheuerliche Simplicissimus Teutsch" (1669): Der Roman spielt während des Dreißigjährigen Kriegs, verbindet eigene Erlebnisse mit literarischen Motiven und verarbeitet Schwänke, Kurzgeschichten und Traumallegorien.

Trauerspiel

Das barocke Trauerspiel behandelt bevorzugt Stoffe aus der byzantinischen und römischen Geschichte. Der Ständeklausel folgend spielt die **Handlung in der höfischen Welt.**

Die Vorgaben Ständeklausel und Fallhöhe

In den Barockpoetiken wird die Forderung erhoben, dass eine Tragödie nur vom Schicksal einer Person höheren Standes handeln darf, da der tragische Fall des Helden umso tiefer empfunden wird, je höher dessen sozialer Rang ist.

Die Helden sind Vorbilder an moralischer Standfestigkeit. Gezeigt wird der Kampf der moralischen Kräfte, nicht ein innerer Zwiespalt oder eine psychologische Motivierung.
Beispiele: Andreas Gryphius, „Leo Armenius" (1650); Daniel Caspar von Lohenstein, „Cleopatra" (1661)

3.4 Aufklärung (ca. 1680–1800)

Die Aufklärung war eine das europäische Geistesleben im 17. und besonders im 18. Jh. prägende Bewegung.

Merkmale

- Die **Vernunft** (ratio) wurde zum obersten Prinzip des Denkens und Handelns erhoben.
- Autoritätsglauben, Vorurteile und die Bevormundung des Menschen durch die Kirche (Säkularisierung) sowie der Absolutismus wurden bekämpft. Gefordert wurde eine **freiheitliche Gesellschaft** mit gleichen Rechten und Pflichten für alle.
- Die überkommenen Vorstellungen über Natur, Mensch, Gesellschaft, Staat und Gott wurden einer radikalen **Kritik** unterzogen.
- Die Forderung nach **Toleranz** gegenüber anderen Meinungen sollte die freie, öffentliche Kritik ermöglichen.

Auswirkungen

Diese Ideen mündeten in die sich auf die Menschenrechte berufende **amerikanische Unabhängigkeitserklärung (1776)** und die **Französische Revolution (1789)**. Die Gewaltenteilung wurde zum Vorbild aller demokratischen Verfassungen.

In dem in zahlreiche Territorialstaaten zersplitterten Heiligen Römischen Reich Deutscher Nation wurde die feudalistische Herrschaftsordnung nur langsam zurückgedrängt. Erst ab der zweiten Hälfte des 18. Jh. nahmen absolutistische Fürsten – v. a. Friedrich II. (*1712, †1786) in Preußen – aufklärerische Vorstellungen auf. Der sog. **aufgeklärte Absolutismus** strebte nach einer Reform von Staat und Gesellschaft nach vernünftigen Prinzipien und wollte u. a. Glaubens- und Meinungsfreiheit, Gleichheit vor dem Gesetz und Rechtsstaatlichkeit.

Philosophische Grundlagen

	Empirismus	Rationalismus
Ursprungsland	England	Frankreich
Hauptvertreter	John Locke (*1632, †1704), Thomas Hobbes (*1588, †1679), David Hume (*1711, †1776)	René Descartes (*1596, †1650), Voltaire (*1694, †1778), Gottfried Wilhelm Leibniz (*1646, †1716), Christian Wolff (*1679, †1754)
Inhalt	Erkenntnis wird ausschließlich durch die **Erfahrung** gewonnen. Der Sensualismus beschränkt die Erfahrung auf die sinnliche Wahrnehmung.	Es gibt Vernunftwahrheiten, die von aller Erfahrung unabhängig sind. Der **Verstand** hat bei der Erkenntnis Vorrang vor der Erfahrung.

In Deutschland verband **Immanuel Kant** (*1724, †1804) die erkenntnistheoretischen Gegenpositionen, indem er vom Zusammenhang von Erfahrung und Verstand ausging. Er formulierte den Wahlspruch der Aufklärung in seiner Schrift „Was ist Aufklärung?“ (1784): „Sapere aude! Habe Mut, dich deines eigenen Verstandes ohne Leitung eines anderen zu bedienen!“ Der Mensch soll sich von Unwissenheit, Unmündigkeit und Aberglauben befreien.

Mit dem **kategorischen Imperativ** („Handle so, dass die Maxime deines Willens jederzeit zugleich als Prinzip einer allgemeinen Gesetzgebung dienen könne“) sieht Kant die Freiheit als Voraussetzung für wahrhaft moralisches Handeln.

Literatur der Aufklärung

Zu den Zielen der Aufklärung gehörten Bildung und Erziehung des Menschen. Die Literatur hatte daher v. a. **lehrhaften und sozialkritischen Charakter.** Sie befreite sich von barockem Pathos und propagierte unterhaltsam-belehrend den natürlichen Menschen, der durch bürgerliche Tugend und optimistischen Fortschrittsglauben zur Glückseligkeit findet.

Statt einseitig die Vernunft zu betonen, pflegte die **Empfindsamkeit,** v. a. in Romanen und Gedichten, das schwärmerische Gefühl und ein religiöses Naturerlebnis.

Durch die Massenproduktion von Büchern und **Zeitschriften** („Moralische Wochenschriften") sowie durch **Leihbibliotheken** wurden die neuen Ideen rasch verbreitet und in **Lesegesellschaften** und **Salons** diskutiert.

Gattungen der Aufklärung

Die bevorzugten Gattungen waren Fabel, Drama und Roman.

Fabel

Die Fabel zielt auf moralische oder praktische Kritik ab und war daher besonders für die Vermittlung aufklärerischer Ideen geeignet. Ihre **Vertreter** setzten sie unterschiedlich um:

Im Unterschied zu den weitschweifigen Versfabeln von **Christian Fürchtegott Gellert** (*1715, †1769) nutzte **Gotthold Ephraim Lessing** (*1729, †1781) die epigrammatisch kurze Prosaform. Seine „Fabeln" (1759) sind oft nur ein aus einem Beispiel entwickelter Lehrsatz.

Bürgerliches Trauerspiel und andere Dramenformen

Im Lauf des 18. Jh. erstarkte das Bürgertum, das das tragische Schicksal von Menschen bürgerlichen Standes auf der Bühne dargestellt sehen wollte.

Zu den bedeutendsten **Vertretern** gehören:

- **Johann Christoph Gottsched** (*1700, †1766) wollte 1730 mit seinem strengen poetischen Regelwerk das deutsche Drama erneuern. Er folgte dabei aufklärerischen Grundsätzen und dem Vorbild des französischen Klassizismus.
- **Lessing** griff demgegenüber in seiner Dramentheorie, der „Hamburgischen Dramaturgie“ (1776–70), auf Shakespeare und Aristoteles’ Poetik, v. a. dessen Katharsis-Begriff, zurück.

Wirkung der Tragödie: Katharsis
(Reinigung durch éleos und phóbos)

tragische Handlung erregt die Affekte

Aristoteles	Lessing
éleos (Jammer) →	Mitleid
phóbos (Schrecken) →	Furcht (nachgeordnet) als „das auf uns selbst bezogene Mitleid“ (Leid des Helden = Leid des Zuschauers)

Katharsis

Aristoteles	Lessing
Befreiung *von* den Affekten	Reinigung *der* Affekte: „Verwandlung der Affekte in tugendhafte Fertigkeiten“ (moralische Läuterung)

Die **Aufhebung der Ständeklausel,** nach der bürgerliche Personen und nicht nur Angehörige eines hohen Standes in der Tragödie auftraten, und der **„gemischte Charakter“** der Figuren sollten zur Identifizierung des Zuschauers führen und Mitleid ermöglichen.

Bedeutende, noch heute gespielte **Stücke** sind:

- Lessings bürgerliche Trauerspiele „Miss Sara Sampson“ (1755) und „Emilia Galotti“ (1772) thematisieren bürgerliche Tugendvorstellungen und den Gegensatz von bürgerlicher Moral und der Willkür des Adels.

- Lessings „Minna von Barnhelm oder Das Soldatenglück“ ist die erste deutsche Komödie (1767). Sein Ideendrama „Nathan der Weise“ (1779) entwirft das Ideal einer von Toleranz und Humanitätsgedanken geprägten Gesellschaft.

Roman

Im 18. Jh. wurde der Roman die bevorzugte epische Gattung und verdrängte das Versepos.
Es bildeten sich unterschiedliche **Romantypen** heraus:

- Im **Bildungsroman** steht die Ausbildung geistiger und seelischer Fähigkeiten des Helden im Mittelpunkt.
  Beispiel: Christoph Martin Wieland, „Die Geschichte des Agathon“ (1766)
- Die empfindsamen **Briefromane** reflektieren persönliche Erfahrungen und individuelles Gefühlserleben der Figuren.
  Beispiel 1: Gellert, „Das Leben der schwedischen Gräfin von G.“, (1747/48)
  Beispiel 2: Sophie von La Roche, „Geschichte des Fräuleins von Sternheim“ (1771)
- In der **Robinsonade** vollziehen Schiffbrüchige auf einer einsamen Insel in der Isolation die kulturelle Entwicklung des Menschen nach.
  Beispiel: Johann Gottfried Schnabel, „Insel Felsenburg“ (1731–43), nach dem Vorbild von Daniel Defoes’ „Robinson Crusoe“ (1719/20)

Lyrik

In der Lyrik gab es **unterschiedliche Entwicklungsstränge:**

- Zunächst herrschte eine **lehrhafte Tendenz** vor, die den Leser über Natur, Mythologie und Historie unterrichtete. Sprachlich führte dies zu einer Abkehr von der metaphernreichen, rhetorisch ausgefeilten Sprache des Barock (↑ S. 32).
- Die Lyrik der **Anakreontik** besingt in kleinen Formen eine heile Welt der Geselligkeit und Lebensfreude.

- Bereits über die Aufklärung hinaus weisen die Hymnen und Oden von **Friedrich Gottlieb Klopstock** (*1724, †1803), deren feierliche und erhabene Sprache vom religiösen Erlebnis bestimmt war. Klopstock verwendete freie Rhythmen (↑ S. 114), um leidenschaftliche Empfindungen auszudrücken.

3.5 Sturm und Drang (ca. 1770–1789)

Der Sturm und Drang ist eine nach einem gleichnamigen Schauspiel (1776) von Friedrich Maximilian Klinger bezeichnete literarische Bewegung in Deutschland, die gegen erstarrte gesellschaftliche Konventionen, überkommene Institutionen und den Rationalismus der Aufklärung rebellierte.

Grundlagen und Anregungen

Das neue Lebensgefühl des Sturm und Drang entstand in der Auseinandersetzung mit der Aufklärung, gegen deren Einseitigkeit er sich wandte.

Aufklärung	Sturm und Drang
Verstand	Versöhnung von Verstand und Gefühl, Ratio und Natur
„lebensfeindliche" Moral	Sinnlichkeit
Normen- und Regelgläubigkeit	Spontaneität, Selbsterfahrung, Selbstverwirklichung des Individuums

Natur

Die Natur wird als Inbegriff alles Lebendigen und Schöpferischen, auch im Menschen selbst, anerkannt.

Vorbild: Der Gedanke einer positiven Natur, die den zivilisatorisch-gesellschaftlichen Einrichtungen entgegensetzt ist, geht auf **Jean-Jacques Rousseau** (* 1712, † 1778) zurück. Seine grundlegenden Thesen sind:

- Der Mensch ist ursprünglich gut. In der Frühzeit der menschlichen Gesellschaft waren soziale Unterschiede, Konkurrenz, Feindschaft und Neid unbekannt.
- Der Mensch hat sich erst durch Kultur und Zivilisation von dem ursprünglich guten Naturzustand entfernt.

In seinem Roman „Emil oder Über die Erziehung“ (1762) formuliert Rousseau erzieherische Grundsätze, deren Ideal die freie Entfaltung der Persönlichkeit auf der Grundlage von Natur und Empfindung ist.

Genie

Die höchste Steigerung des Individuellen und Naturhaften ist das Genie. In ihm offenbart sich die schöpferische Kraft unmittelbar. Der Sturm und Drang feierte das Genie als gottähnlich, denn es orientiert sich nicht an Regeln, sondern schafft seine Kunstwerke spontan aus sich selbst heraus. Daraus wurde der Anspruch der **Originalität** an die Werke abgeleitet. Als Prototypen des Genies galten **Shakespeare, Homer** und **Klopstock.**

Literatur

Die Betonung der irrationalen schöpferischen Kräfte beim Schaffensprozess führte zur radikalen **Ablehnung der normativen Poetik** mit ihrer Auffassung, dass Kunst erlernbar sei, und der Suche nach neuen Ausdrucksweisen und Formen.

Drama

Die Tragödie und Tragikomödie waren die bevorzugten Gattungen des Sturm und Drang.

Themen und Motive

- Selbstverwirklichung des genialen Menschen,
- tragischer Zusammenstoß des Einzelnen mit dem „notwendigen Gang des Ganzen",
- soziale Anklage gegen die Korruption der herrschenden Stände und gegen Ständeschranken insgesamt.

Form

Die Dramatiker des Sturm und Drang lehnten die klassizistisch verstandene aristotelische Tragödie ab.

klassizistisches Drama	**Drama des Sturm und Drang**
Einheit von Ort, Zeit und Handlung	häufiger Ortswechsel, lockeres Handlungsgefüge, großzügiger Umgang mit der Zeit
geschlossene Form (↑S. 144 f.)	offene Form: Kurzszenen, Bilder- und Episodenreihung
gebundene Sprache	Prosa, alltagsnahe Sprache: Kraftausdrücke, Mundartliches, Telegrammstil, Ausrufesätze

Vertreter

- **Jakob Michael Reinhold Lenz** (*1751, †1792) griff in seinen Tragödien und Tragikomödien Stoffe der Zeitgeschichte auf: In „Die Soldaten" (1776) stellte er das Problem des entehrten Mädchens vor, in dem Drama „Der Hofmeister" (1774) die sozialen Nöte eines Privatlehrers. Die Sozialkritik drückte er mit drastischem Naturalismus, Beobachtungsschärfe und psychologischem Tiefblick aus.

- **Schiller** gestaltet in dem Drama „Die Räuber“ (1781) den Konflikt zwischen Freiheitspathos und göttlich legitimierter Ordnung und Moral sowie die Kritik am feudalen Despotismus.
- **Goethe** thematisiert in dem Drama „Götz von Berlichingen“ (1773) den Kampf um Recht und Freiheit und die Macht des positiven Rechts, an der das Freiheit beanspruchende Individuum scheitert.

Lyrik

Im Sturm und Drang löste sich die Lyrik zum ersten Mal aus ihrem gesellschaftlichen Bezug und drückte **persönliches Erleben und Empfinden** aus. Die Dichter verwendeten eine einfache, dem Volkslied nahe stehende Sprache.

Der Begriff der Erlebnisdichtung

Erlebnisdichtung entstand mit der Emanzipation des individuellen Gefühls im 18. Jh. und verarbeitet persönlich-subjektive Erlebnisse des Dichters.

Vertreter

Die Werke des jungen **Goethe** galten als mustergültig für die Epoche des Sturm und Drang.

- Die „Sesenheimer Lieder“ (1771) entstanden unter dem Einfluss der Liebe zu Friederike Brion. Sie verbinden das intensive Erlebnis der Natur mit dem leidenschaftlichen Liebeserlebnis.
  Beispiel: „Willkommen und Abschied“ (1771).
- Die in freien Rhythmen gestaltete Hymne „Prometheus“ (1774) wurde zum Programmgedicht der Epoche. Sie verherrlicht das Genie, das sich trotzig von jeder höheren Autorität abwendet und selbstbewusst seine Schöpfungen hervorbringt.

Der Dichterbund **„Göttinger Hain“,** dem Ludwig Christoph Heinrich Hölty und Johann Heinrich Voß angehörten, nahm sich die Oden und Hymnen Klopstocks (↑ S. 40) zum Vorbild. Die Dichter gestalteten v. a. folgende Themen, mit häufig gesellschaftskritischer Aussage:

- Selbstverwirklichung des genialen Menschen,
- Freundschaft,
- Natur- und Vaterlandsliebe,
- Freiheit und Tyrannenhass.

Die bedeutendste Leistung des Göttinger Hains besteht darin, dass er die deutsche **Kunstballade** hervorbrachte. In ihr wurde das Wirken irrationaler und übersinnlicher Mächte dargestellt.
Beispiel: Gottfried August Bürger, „Lenore“ (1773)

Roman

Das gesteigerte Interesse am Individuum führte in der epischen Dichtung des Sturm und Drang zur **autobiografischen Darstellung.** Besonders beliebt war der **Briefroman,** in dem ein Geschehen aus der subjektiven Perspektive einer Person dargestellt wird.
Beispiel: Das überragende epische Werk des Sturm und Drang ist Goethes Briefroman **„Die Leiden des jungen Werthers“** (1774, Neufassung 1787).

Vordergründig eine tragische Liebesgeschichte, in der zwei Menschen nicht zueinander finden, geht es eigentlich um das Scheitern des Individuums, das versucht, sich durch das schwärmerische Erlebnis der Natur und der Liebe aus den „fatalen bürgerlichen Verhältnissen“ zu befreien. Diese Befreiung ist Flucht aus der beschränkten Wirklichkeit in die gesellschaftliche Isolation und in die Innerlichkeit und endet mit Werthers Verzweiflung und Freitod.

3.6 Weimarer Klassik (1786–1805)

Die Weimarer Klassik ist maßgeblich von **Johann Wolfgang von Goethe** und **Friedrich Schiller** geprägt. Sie begann mit Goethes Italienreise und erreichte ihren Höhepunkt in dem Jahrzehnt der Zusammenarbeit der beiden in Weimar.

1786–88	Goethes erste Italienreise
1787–89	Schillers erster Aufenthalt in Weimar
ab 1794	Goethes und Schillers enge Zusammenarbeit
1799	Schillers Übersiedelung nach Weimar
1805	Schillers Tod

Ideengeschichtliche Grundlagen

Als Reaktion auf die unruhige geschichtliche Situation nach der Französischen Revolution (1789) war die Klassik von den Leitideen der **Harmonie** und **Humanität** geprägt.
Hohe Werte waren:
- Menschlichkeit,
- Toleranz,
- Maß,
- Vollendung,
- Übereinstimmung von Geist und Gemüt,
- Übereinstimmung von Mensch und Natur.

Ideal der klassischen Antike

Johann Joachim Winckelmann erkannte in der griechischen Kunst zeitlos gültige Musterbilder vollendeter Menschennatur und Kunstschönheit. Die **Einfachheit, Schönheit** und **Harmonie** der griechischen Kunstwerke sah er als Spiegel des klassischen Menschen. Das begründete die Auffassung der griechischen Humanität (↑ S. 50 f.).

Humanität

Das Menschenbild der Weimarer Klassik ist dem Gedanken der Humanität verpflichtet. Goethe griff Winckelmanns Interpretation der griechischen Kunst auf und forderte, der Mensch könne sich nur ganz ausbilden, wenn sich alle seine Eigenschaften und Fähigkeiten gleichmäßig in ihm vereinigten. Das Mittel, um den Menschen zur Humanität auszubilden, ist die Kunst.

Literatur

Kunstauffassung

Ein Kerngedanke der Kunsttheorie der deutschen Klassik ist die Idee von der **Autonomie der Kunst.** Der Kunst werden daher bestimmte **Eigenschaften und Merkmale** zugeschrieben:

- Kunst soll ihren Zweck in sich selbst haben und nicht mehr Affekte hervorrufen oder eine Lehre vermitteln, wie es z. B. Lessing oder Gottsched anstrebten.
- Kunst wird von allem Subjektiven und Zufälligen befreit und richtet sich auf das Objektive, Allgemeinmenschliche aus.
- **Goethe:** In der Kunst erscheinen die ewigen Gesetze der Natur. Sie wird dadurch zu einer Vermittlerin der höheren Ordnung des Weltganzen.
- **Schiller:** Die Kunst löst den Menschen aus dem Natürlichen, Triebhaften heraus und macht ihm seine höhere Bestimmung zu Freiheit, Vernunft und Sittlichkeit bewusst **(ästhetische Erziehung).**

Klassisches Drama

Themen: Die Stoffe entstammen der Geschichte oder der griechischen Mythologie. Die dramatische Handlung veranschaulicht klassische Ideale wie Gerechtigkeit, Freiheit oder Humanität.

Form und Sprache: Das klassische Ideal des Maßvollen bewirkt die Verwendung der strengen geschlossenen Form der klassischen Tragödie und einer Sprache, die in Versform (Blankvers, ↑S. 113) und frei von Umgangssprache und Dialekt ist.

Wichtige Werke

- **Goethe:** „Iphigenie auf Tauris" (1787): Die Priesterin Iphigenie kann die Götter, die dem Schicksal der Menschen zunächst gleichgültig gegenüberstehen, zur Humanität bekehren.
- **Schiller:** Seine Dramen verleihen philosophischen Ideen Ausdruck (Ideendrama) und gestalten die Konflikte von Idee und Wirklichkeit, Selbstbestimmung und Schicksal oder Freiheit und Notwendigkeit.
  Beispiele: Dramentrilogie „Wallenstein" (1798/99), „Maria Stuart" (1800), „Die Jungfrau von Orleans" (1801), „Wilhelm Tell" (1804)

Zielsetzung des Ideendramas

Im Ideendrama sind Handlung, Charaktere, Stoff und Sprache nicht an der Wirklichkeit orientiert, sondern auf einen übergeordneten Leitgedanken bezogen, der Allgemeingültigkeit beanspruchen kann.

Lyrik

Die Lyrik lehnt sich oft an antike Muster an. Sie ist formal gekennzeichnet durch:

- eine klare, ausgeglichene Sprache,
- antike Formen wie Hymne oder Ode (↑S. 110 f.),
- antike Metren oder freie Rhythmen.

Im Unterschied zur Erlebnislyrik werden nun weltanschauliche oder philosophische Themen gestaltet (**Gedankenlyrik**).

Goethes Lyrik	**Schillers Lyrik**
Darstellung des Idealtypischen	Darstellung philosophischer Gedanken
Themen: Natur, Liebe: im subjektiv Erfassten wird Allgemeingültiges zum Ausdruck gebracht	*Themen:* Mensch und Kultur, Gott und Welt, Ideal und Wirklichkeit
Werke: „Römische Elegien“ (1795), „Grenzen der Menschheit“ (1789)	*Werke:* „Die Götter Griechenlands“ (1788), „Die Künstler“ (1789), „Das Ideal und das Leben“ (1795), „Lied von der Glocke“ (1799)

1796: Veröffentlichung der 926 gemeinsam gedichteten **Xenien**: polemische Epigramme mit Literatur- und Zeitkritik

Balladenjahr 1797: Mit der volkstümlichen Form der Ballade wollten Goethe und Schiller ihr idealistisches Kunstverständnis volkstümlich vermitteln. In der **Ideenballade** wird das Individuelle zur überzeitlichen „idealischen Allgemeinheit“ (Schiller) und zu einer „reinen Form“ (Goethe) geführt.

Goethe	Schiller
Werke: „Der Zauberlehrling“, „Die Braut von Korinth“	*Werke:* „Die Bürgschaft“, „Der Ring des Polykrates“

Bildungsroman

Der Bildungsroman stellt die geistige und seelische Entwicklung eines Individuums in der Auseinandersetzung mit der Welt dar. Er entstand im Zusammenhang mit dem Bildungsideal der Humanität als harmonischer Persönlichkeitsentwicklung.

Beispiel: Goethe, „Wilhelm Meisters Lehrjahre“ (1795/96)

Im Umkreis von Weimarer Klassik und Romantik

Heinrich von Kleist (*1777, †1811)

Kleists Dichtung weist mit ihrem ausgeprägten psychologischen Verständnis in die Moderne voraus und trägt teilweise expressionistische Züge. Bei seinen Zeitgenossen fand er jedoch nur geringe Anerkennung.

- **Themen:** Die Dramen und Erzählungen behandeln oft Widersprüche in der gesellschaftlichen Realität. Die Figuren befinden sich meist in extremen Situationen, in denen sie sich allein der Entscheidung ihres innersten Gefühls überlassen müssen. Ein Hauptthema ist die Gerechtigkeit.
  Beispiel: „Michael Kohlhaas" (1808)
- **Sprache:** In den **Dramen** ist sie teils bäuerlich-derb, teils bildreich und ausdrucksstark.
  Beispiele: „Der zerbrochene Krug"(1811), „Prinz Friedrich von Homburg" (posthum 1821)
  In den **Erzählungen und Novellen** ist sie oft drastisch und stark verkürzt.
  Beispiele: „Das Erdbeben von Chili" (1807), „Die Marquise von O..." (1808)

Friedrich Hölderlin (*1770, †1843)

In seiner Dichtung sucht Hölderlin die nach der griechischen Antike verloren gegangene Harmonie zwischen Göttern, Menschen und Natur wiederherzustellen.
Wichtige **Themen** sind:

- Seine Jugendlyrik preist die griechischen Humanitätsideale wie Schönheit, Liebe, Freiheit und Freundschaft.
- Die unglückliche Liebe zu Susette Gontard verarbeitet er in den Diotima-Gedichten.
- Der Roman „Hyperion" (1797–99) gestaltet die Sehnsucht nach der Erfahrung des Göttlichen und die Wiedererlangung der Harmonie durch ein Leben in Einheit mit der Natur.

Wege der Antikenrezeption

Die klassischen Autoren lernten die antike Literatur kennen durch:

- Lektüre griechischer und römischer Schriftsteller im Original

  Homer; Aischylos, Sophokles, Euripides (griechische Tragiker); Vergil, Ovid

- Übersetzung antiker Texte

  Schiller: „Iphigenie in Aulis“ des Euripides;
  2. Buch der „Äneis“ („Zerstörung von Troja“) von Vergil

Gegenstand der Rezeption

Die antike Literatur war die Grundlage für:

- Übernahme antiker Versmaße

  Distichon (Goethe und Schiller, „Xenien“),
  Hexameter (Goethe, „Hermann und Dorothea“)

- Übernahme antiker Gedichtformen

  Elegie, Hymne, Ode

- Bearbeitung antiker (meist mythologischer) Stoffe und Motive

  Prometheus, Iphigenie, Trojanischer Sagenkreis (Homer), griechische und römische Götterwelt

Menschenbild in Antike und Klassik

In Goethes Bearbeitung des antiken Iphigenie-Stoffes wird das Humanitätsideal der deutschen Klassik eingewoben.

Euripides: „Iphigenie bei den Taurern“ (412 v. Chr.)	**Goethe: „Iphigenie auf Tauris“ (1786)**
Die Handlung spielt vor einer kommentierenden Öffentlichkeit (Chor).	Der Konflikt ist in das Innere der Personen verlagert (Seelendrama).
Im Zentrum steht die lange Anagnorisis-Szene (Wiedererkennung der Geschwister Iphigenie und Orest). Sie mündet in den von Iphigenie entwickelten Intrigenplan zur Flucht.	Iphigenie erkennt, dass ihr zwei Wege zur Wahl stehen: ▶ Flucht mithilfe von Lüge und Intrige ▶ Bekenntnis zur Wahrheit unter Gefährdung des eigenen Lebens und des Lebens des Bruders Sie bekennt sich zur Wahrheit.
Verhältnis zu den Göttern: ▶ Der Mensch ist ihrem Walten unterworfen. ▶ Ohnmacht gegenüber den Göttern	*Verhältnis zu den Göttern:* ▶ Der Mensch hat Entscheidungsfreiheit. ▶ Vertrauen auf die Götter und in die Humanität
Lösung des Konflikts: Eingreifen der Göttin Athene als „dea ex machina“	*Lösung des Konflikts:* ▶ Iphigenie lehrt Thoas und die Taurer Menschlichkeit. ▶ Ihre Humanität durchbricht den Atriden-Fluch. ▶ Heilung des Orest
Ausgang: Iphigenie ist der Weg in die Heimat durch den Willen der Götter verwehrt.	*Ausgang:* Iphigenie kehrt in die Heimat zurück.

3

3.7 Romantik (ca. 1790–1830)

Zeitgleich zur Weimarer Klassik entstand in Jena die romantische Bewegung, die ein neues Leben, eine neue Kunst und eine andere Art des Denkens suchte.

Phasen der Romantik	Autoren
Frühromantik (ab 1790)	**Jena:** Ludwig Tieck, Novalis, August Wilhelm Schlegel, Friedrich Schlegel
mittlere Romantik (nach 1808)	**Heidelberg:** Clemens Brentano, Achim von Arnim, Jacob und Wilhelm Grimm **Berlin:** E.T.A Hoffmann Ludwig Tieck
Spätromantik (1820er-Jahre)	**Berlin:** Rahel Varnhagen **Süddeutschland:** Ludwig Uhland, Wilhelm Hauff, Justinus Kerner, Gustav Schwab Joseph von Eichendorff

Erstmals spielten auch **Frauen** eine wichtige Rolle: Bettina von Arnim, Caroline von Günderode, Dorothea Schlegel und Caroline Schelling.

Gemeinsamkeiten des romantischen Denkens:

- Ablehnung des einseitigen Rationalismus der Aufklärung
- Ablehnung gesellschaftlicher Normen und Konventionen
- Eine als Kritik an der Gegenwart gemeinte Naturverehrung und -verklärung; sie geht auf die Vorstellung der Naturphilosophie (Friedrich Wilhelm Joseph Schelling, *1775, †1854) von der Einheit von Natur und Geist zurück.

- Interesse am Irrationalen, Unbewussten (Traum), Phantastischen, Skurrilen, Grotesken, das sich später mit dem Interesse an Wahnsinn und Verbrechen verbindet
- Rückbezug auf die Vergangenheit, v. a. das Mittelalter

Literaturtheoretische Grundlagen

Das ästhetisch-theoretische Programm wurde in der Frühromantik von Novalis (* 1772, † 1801), Friedrich Schlegel (* 1772, † 1829) und August Wilhelm Schlegel (* 1767, † 1845) geschaffen. Folgende Aspekte sind grundlegend:

Das Streben nach Universalpoesie

Die romantische Poesie sollte „progressive Universalpoesie" sein, d. h., die Gattungen sollen sich vermischen und die literarischen Ausdrucksformen sich mit allen Bereichen von Kunst, Wissenschaft, Kultur und Leben vereinigen.

- **Regelpoetik:** Sie wurde von der romantischen Poetik abgelehnt.
- **Dichter:** Seine Einbildungskraft ist ein höheres Erkenntnisvermögen, das den unendlichen Beziehungsreichtum der Welt hinter den sichtbaren Dingen erfassen kann.
- **Romantisieren:** Die romantische Poesie soll die Welt in ihren ursprünglichen, geheimnisvollen Zustand zurückversetzen, der durch die einseitig rationalistische Welterklärung „entzaubert" worden ist.
- **Leser:** Er ist der „erweiterte Autor", der das Werk aufgrund seines eigenen subjektiven Verständnisses weiterdichtet.
- **Form:** Die Vorstellung, dass das Werk erst in der Kritik und der Rezeption vollendet wird, begründet ein offenes, fragmentarisches Schreiben, das Raum für Assoziationen lässt.

Romantische Ironie

Friedrich Schlegel versteht unter „romantischer Ironie" im Gegensatz zu dem rhetorischen Stilmittel ein dichterisches Verfahren, bei dem der Dichter eine **Distanz zu seinem Werk** aufbaut und den Schaffensprozess selbst thematisiert, etwa indem er die Illusion, die das Werk erzeugt, selbst wieder aufhebt.
Beispiel: Tieck lässt in dem Stück „Der gestiefelte Kater" (1797) Zuschauer, Bühnenarbeiter und den Dichter auftreten und über den Fortgang des Stücks diskutieren.

Motive der romantischen Dichtung

Sehnsucht

Die Sehnsucht nach dem Unerreichbaren, Unendlichen prägt das romantische Lebensgefühl am meisten. In der Sehnsucht nach der Ferne verbindet sie sich mit dem Wandermotiv.
Beispiel 1: Novalis, „Heinrich von Ofterdingen" (1802)
Beispiel 2: Eichendorff, „Sehnsucht" (vor 1834)

Das Symbol der blauen Blume

Die blaue Blume in Novalis' Roman „Heinrich von Ofterdingen" ist der Inbegriff der romantischen Poesie und ihrer auf das Unendliche gerichteten Sehnsucht.

Wandern

Die Sehnsucht treibt den Romantiker aus der häuslichen Enge des spießbürgerlichen Lebens hinaus in die Weite und Ferne auf der Suche nach dem Unbekannten.
Beispiel 1: Eichendorff, „Aus dem Leben eines Taugenichts" (1826)
Beispiel 2: Wilhelm Müller, „Das Wandern ist des Müllers Lust" (1820)

Natur

Zum romantischen Lebensgefühl gehört das Leiden an der Entfremdung von der Natur und zugleich die Sehnsucht, die verlorene Einheit wiederzuerlangen. In der Natur ist das Göttliche erfahrbar. Die verwendeten Naturbilder symbolisieren oft einen seelischen Zustand oder eine Stimmung. In den Nachtseiten der Natur offenbart sich das Unheimliche, Dämonische.

Beispiel 1: Eichendorff, „Mondnacht" (1835);
Beispiel 2: E.T.A. Hoffmann, „Der goldne Topf" (1814).

3

Liebe

Liebe bedeutet Vereinigung und Aufhebung der Grenzen zwischen Ich und Du. Sie kann die verlorene Einheit des Menschen mit der Natur und Gott wiederherstellen. Oft ist auch das Leiden an der unglücklichen Liebe Thema romantischer Dichtung.

Beispiel 1: Brentano, „Die Abendwinde gehen" (1834);
Beispiel 2: Eichendorff, „Das zerbrochene Ringlein" (1813).

Dunkle Mächte

Hinter der Fassade der bürgerlichen Alltagswelt verbirgt sich häufig eine fantastische Geisterwelt. Das Gespenstische, Dämonische, Wahnsinn oder Verbrechen zeigen die Nachtseiten der menschlichen Seele.

Beispiel: E.T.A. Hoffmann, „Die Elixiere des Teufels" (1815/16), „Das Fräulein von Scudery" (1819).

Mittelalter

Die Romantiker empfinden die tägliche Wirklichkeit als verflacht und entzaubert, Vernunft und Gefühl sind entzweit. In der Vergangenheit, v. a. im Mittelalter, fanden sie die Einheit des Menschen mit sich, der Natur und Gott wieder.

Beispiel: Wilhelm Heinrich Wrackenroder, „Herzensergießungen eines kunstliebenden Klosterbruders" (1797)

Literarische Formen

Während in der Frühromantik der neue Ansatz in der Literatur auch theoretisch reflektiert war, war die mittlere und späte Phase der Romantik von großer literarischer Produktivität gekennzeichnet.

Prosa

Dem Programm der progressiven Universalpoesie (↑ S. 53) entsprechend wird die gängige Form des Romans durch eingefügte Gedichte, Lieder, Reflexionen oder Märchen aufgebrochen.

- Der **Künstlerroman** ist ein Entwicklungsroman, in dem die Figur eines bildenden Künstlers, Schriftstellers oder Musikers im Mittelpunkt steht.
  Beispiele: Tieck, „Franz Sternbalds Wanderungen"(1798); Novalis, „Heinrich von Ofterdingen" (1802)
- Die **Künstlernovelle** stellt anhand einer charakteristischen Episode die Künstlerproblematik exemplarisch dar.
  Beispiel: E.T.A. Hoffmann, „Das Fräulein von Scuderi" (1819)
- Bislang weniger anerkannte Formen wie **Essay, Fragment** oder **Aphorismus** wurden geeignete Ausdrucksweisen für offen-fragmentarisches Schreiben.
  Beispiel: Friedrich Schlegel, Athenäum-Fragmente (1798–1800).
- Das Interesse für die **Volkspoesie** führte zur Sammlung und Herausgabe von **Märchen, Sagen und Volksliedern.**
  Beispiele: Brüder Grimm, „Kinder- und Hausmärchen" (1812–15); Achim von Arnim und Clemens Brentano, „Des Knaben Wunderhorn" (1806–08)
- Das **Kunstmärchen** zeigt mit der Darstellung des Wunderbaren den Abstand zwischen der gesellschaftlichen Realität und den vorgestellten ursprünglichen Verhältnissen.
  Beispiele: Ludwig Tieck, „Der blonde Eckbert" (1797); Wilhelm Hauff, „Das kalte Herz" (1826)

Lyrik

Für die Romantiker war die Lyrik die bevorzugte Gattung, um Stimmungen auszudrücken. Folgende **Kennzeichen** haben sich herausgebildet:

- Schlichte, volksliedhafte Formen werden bevorzugt.
- Bilder aus der Natur und Seelenzustände werden häufig aufeinander bezogen.
- Stereotyp wiederkehrende Naturbilder wie „Wald“, „Mond“, „Sterne“, „Blumen“ sind bewusst unbestimmt gehalten, um beim Leser Assoziationen freizusetzen. Bei Eichendorff symbolisieren sie oft die verlorene harmonische Welt.
  Beispiele: „Mondnacht“ (1835), „Der Einsiedler“ (1817)

3.8 Junges Deutschland, Vormärz und Biedermeier (1815–1848)

Historischer Hintergrund

Die Zeit zwischen dem Wiener Kongress (1815) und der Märzrevolution (1848) ist politisch gekennzeichnet von den Bestrebungen, die vorrevolutionäre feudale Ordnung wiederherzustellen (**Restauration**). Auf die liberalen Forderungen nach einem einheitlichen Nationalstaat und einer demokratischen Verfassung reagierte die restaurative Politik (v. a. des österreichischen Staatskanzlers Metternich) mit **repressiven Maßnahmen:**

- Aufhebung der Pressefreiheit (Zensur),
- Berufsverbot für oppositionelle Autoren,
- Ausweisung.

Im Zuge der industriellen Revolution verschärften sich auch die sozialen Probleme. Es kam zum Weberaufstand in Schlesien (1844) und zu Hungerkrawallen in Stettin (1847).

Entstehung verschiedener literarischer Strömungen

Die Schriftsteller reagierten unterschiedlich auf die gesellschaftlichen und politischen Entwicklungen. So entstanden gegensätzliche literarische Strömungen.

	Junges Deutschland	Biedermeier
politische Ausrichtung	▸ liberal-revolutionär ▸ Kritik und Opposition gegen die Politik Metternichs	▸ bürgerlich-konservativ ▸ Achtung vor der überkommenen Ordnung ▸ Resignation
Werte	▸ Liberalismus ▸ staatliche Einheit nach republikanischem Vorbild ▸ Emanzipation der Frau ▸ Meinungs- und Pressefreiheit	▸ Glück in der Familie ▸ Rückzug ins Private ▸ Heimat, Idylle

Junges Deutschland und Vormärz

Unter dem Namen „Junges Deutschland“ hatte sich eine kleine Gruppe von Dichtern zusammengeschlossen, darunter:
- Karl Gutzkow,
- Heinrich Laube,
- Ludwig Börne.

Die Jungdeutschen stellten sich in einen scharfen Gegensatz zu Klassik und Romantik, deren Literatur sie als lebensfern verachteten. Sie forderten eine **aktuelle, politische Literatur** (↑ S. 62 f.), die gekennzeichnet ist durch:
- Gegenständlichkeit und Detailtreue,
- gesellschaftlich und politisch relevante Themen,
- Zeitkritik.

Literaturhistorische Bedeutung gewann das Junge Deutschland, indem ihre Autoren Dichtung erstmals als wirksames Organ des gesellschaftlichen Lebens forderten und das **journalistische Feuilleton** hervorbrachten, in dem sie an der Zensur vorbei geschickt verhüllte Zeitkritik veröffentlichten. Darüber hinaus entstand in diesem Zusammenhang der Beruf des Schriftstellers.

Ihre Schriften wurden 1835 wegen angeblich staatsgefährdender und antichristlicher Tendenzen verboten.

Politische Lyrik

Sie behandelt politisch aktuelle Themen in den traditionellen literarischen Formen.
Beispiel 1: Heinrich Heine, „Die schlesischen Weber" (1844);
Beispiel 2: Heinrich Hoffmann von Fallersleben, „Das Lied der Deutschen" (1841)

Heinrich Heine (* 1797, † 1856)

Heine stand dem Jungen Deutschland nahe, gehörte der Bewegung aber nicht an.

Frühwerk: Sein Frühwerk wird zur Spätromantik gezählt und ist von der ironischen Brechung romantischer Bilder und Stimmung gekennzeichnet.
Beispiel: „Buch der Lieder" (1827)

Spätwerk: Seine zeitkritischen Werke thematisieren die politischen und gesellschaftlichen Missstände mit beißender Satire. In den Prosaschriften kämpfte er gegen die rückwärts gewandten Tendenzen der Spätromantik und brachte seine oppositionelle Haltung gegenüber Staat und Kirche zum Ausdruck.
Beispiel: Die Verssatire „Deutschland. Ein Wintermärchen" (1844) rechnet mit deutscher Kleinstaaterei, Obrigkeitsdenken, militantem Nationalgefühl und preußischem Militarismus ab.

Georg Büchner (*1813, †1837)

Büchner distanzierte sich vom Jungen Deutschland, war aber politisch noch radikaler. Wegen seiner umstürzlerischen Flugschrift „Der hessische Landbote" („Friede den Hütten! Krieg den Palästen!") wurde er 1835 steckbrieflich gesucht. Wichtige **Werke** sind:

- **„Dantons Tod"** (1835): Das Drama, das zur Zeit der Französischen Revolution spielt, zeigt, dass revolutionäres Verhalten angesichts der Geschichte, die den Menschen überrollt, zur hohlen politischen Phrase wird.
- **„Woyzeck"** (1836): In dem Dramenfragment ist die Hauptperson der sozial deklassierte Mensch, der Opfer seiner Umwelt wird. Seine offene Form, die Sprache und die psychologische Darstellung des Unterschichtmilieus machen es zum Vorreiter der modernen Ästhetik.

Einführung des Antihelden

Büchner führte den Antihelden in die Literatur ein, der an der Gesellschaft und ihren Normen scheitert, weil er nicht aktiv Gegenwehr zu leisten vermag.

Biedermeier

Die Biedermeierliteratur entstand ohne theoretisches Programm. Zu ihren **Kennzeichen** gehören:

- Hang zur kleinen Form (kürzere Erzählprosa, Lyrik),
- Vermischen der Gattungen,
- Sensibilität für Stimmungen und Eindrücke,
- häufig landschaftliche Bezüge zur Heimat der Dichter.

Prosa

Beliebt waren v. a. Märchen, Studie, Stimmungsbild, Skizze und Novelle. Wichtige **Vertreter** sind:

- **Jeremias Gotthelf** (*1797, †1854) übte als konservativer Aufklärer Sozialkritik, u. a. an der Not der Armen, an Alkoholismus und Analphabetismus. Er stellte eine Welt der Ordnung, die von Gebet und Arbeit geprägt ist, dagegen.
  Beispiel 1: „Wie Uli der Knecht glücklich wird" (1841)
  Beispiel 2: Die Teufelspaktgeschichte „Die schwarze Spinne" (1842) endet mit dem auf der Opferbereitschaft einer gläubigen Frau beruhenden Sieg des Guten über das Dämonische.
- **Annette von Droste Hülshoff** (*1797, †1848) gestaltet in der Novelle „Die Judenbuche" (1842) menschliche Schuldverstrickung und selbst vollzogene Sühne.
- **Adalbert Stifter** (*1805, † 1868) stellte das wechselvolle Verhältnis von Mensch und Natur sowie die Gleichzeitigkeit von Schönheit der Natur und Bedrohung durch die Natur in den Mittelpunkt.
  Beispiele: „Bunte Steine" (Erzählsammlung, 1853), „Der Nachsommer" (1857)

3

Lyrik

Es dominieren einfache, volksliedhafte Formen. Beliebt waren die Ballade und die Verserzählung.

Eduard Mörike (*1804, † 1874), führte das **Dinggedicht** in die Literatur ein, bei dem ein sinnlich fassbarer Gegenstand sachlich-distanziert dargestellt wird.

Beispiel: „Auf eine Lampe" (1846)

Häufig behandelte Themen sind Liebe, Entsagung, häusliches Glück, Vergänglichkeit oder religiöse Gefühle.

In der Naturlyrik gab es zwei Entwicklungsstränge:

- **Naturidyllen:** Sie gestalten die Verbundenheit des Menschen mit der Natur.
  Beispiel: Mörike, „Er ist's" (1829)
- **Balladen:** In ihnen wird die dämonische Seite der Natur dargestellt.
  Beispiel: Droste-Hülshoff, „Der Knabe im Moor" (1841/42)

Literatur, die sich kritisch zu politischen und gesellschaftlichen Missständen äußert, gab es bereits in der Antike. Im Vormärz entstand jedoch erstmals eine politische Literatur, die auch theoretisch reflektiert war. Sie grenzte sich scharf von der Literatur der Goethezeit ab und formulierte einen neuen Kunstbegriff, der für die politische Literatur bis in die Gegenwart verpflichtend ist.

	Politische Literatur	Klassisch-romantischer Literaturbegriff
Definition	▪ eingreifende und parteiergreifende Literatur	▪ zeitlos gültige Poesie, ▪ von allem Subjektiven und Zufälligen befreit, ▪ auf das Allgemeinmenschliche ausgerichtet
Gegenstand	▪ tagespolitische Themen, ▪ politisch-gesellschaftliche Verhältnisse	▪ Vorstellung eines idealen Zustandes der Gesellschaft und des idealen Menschen
Zweck	▪ Veränderung der politisch-gesellschaftlichen Gegebenheiten	▪ Kunst ist autonom, findet ihren Zweck in sich selbst, ▪ Kunst vermittelt keine Lehre

Voraussetzung für das Entstehen der politischen Literatur

- Die zunehmende Alphabetisierung ging mit einem erhöhten Informationsbedürfnis der Bürger einher.
- Die Erfindung der Papiermaschine und der Schnellpresse ermöglichten die rasche Verbreitung von Schriften.
- Die Senkung der Verkaufspreise führte dazu, dass die Schriften ein breiteres Publikum erreichen konnten.

Formen der politischen Literatur

Die politische Dichtung bevorzugt Kleinformen, die eine schnelle Rezeption und leichte Verständlichkeit ermöglichen.

politische Literatur

poetische Literatur	wissenschaftliche Literatur	journalistische Literatur
Gedichte, Lieder, Drama	Analysen, Traktate, Abhandlungen	Flugschriften, Feuilleton, Glosse, Reportage, Essay

Politische Zielsetzung

Die Skala der politischen Zielsetzung reicht von Bejahung und Verherrlichung der bestehenden Verhältnisse bis hin zu scharfer Kritik, die auf Veränderung des Bestehenden zielt.

Bejahung der bestehenden Verhältnisse	Kritik oder Ablehnung der bestehenden Verhältnisse
vaterländische (patriotische) Dichtung Blut-und-Boden-Dichtung (↑S. 84) (nationale) Kriegsdichtung sozialistischer Realismus der DDR	Freiheitsdichtung Arbeiterliteratur soziale Dichtung Antikriegsdichtung Zeitstück Exilliteratur (↑S. 81f.) Protestsong

3.9 Realismus (ca. 1848–1890)

Der Realismus verbreitete sich ab 1830 von Frankreich nach Europa. In der deutschen Literatur wurde er erst ab 1848 als **bürgerlicher** oder **poetischer Realismus** zur bestimmenden Stilrichtung.

Historischer Hintergrund

- Das **Scheitern der bürgerlichen Revolution von 1848/49** enttäuschte die Hoffnung auf die Gründung eines Nationalstaats und eine demokratische Verfassung.
- Durch die fortschreitende **Industrialisierung** verschärften sich im 1871 gegründeten Deutschen Reich die sozialen Probleme in den Städten. Die verschlechterten Arbeitsbedingungen führten zur Verelendung großer Massen der Arbeiter.

Poetischer Realismus

Otto Ludwig forderte 1871 eine Kunst, die nicht nur das „Wirkliche", sondern **das „Wahre"** abbildet („poetische Verklärung"), d. h., sie stellt die zeitgenössische Wirklichkeit dar, hebt jedoch gleichzeitig das Wesentliche, Typische, immer Gültige heraus. Wichtige **Kennzeichen** sind:

- Milieuschilderungen und psychologisch genau gezeichnete Personen erfüllen die Forderung nach genauer Beobachtung der Lebensformen.
- Die extremen Seiten der Realität (z. B. das abstoßend Hässliche, Krankheit, Sexualität) werden nicht dargestellt.
- Der Humor ermöglicht Distanz zum Empörenden der Wirklichkeit.
- Im Gegensatz zum radikaleren französischen Realismus ist die Gesellschaftskritik weniger ausgeprägt.
- Die dominierenden Gattungen sind Roman und Novelle.

Theodor Fontane (*1819, †1898)
Seine Romane befassen sich mit dem Verhältnis zwischen dem Einzelnen und der Gesellschaft.

Die Konflikte entspringen aus dem Bedürfnis der Figuren nach gesellschaftlicher Anerkennung und dem Verzicht auf Glück und Liebe aus Furcht vor Skandal oder gesellschaftlicher Isolierung.

Häufig stehen **Frauenfiguren** im Mittelpunkt. Anhand der Ehe, die als gesellschaftliche Institution im 19. Jh. in die Krise geraten war, schildert Fontane soziale Missstände und gesellschaftliche Veränderungen.

Beispiele: „Irrungen, Wirrungen" (1888), „Frau Jenny Treibel" (1892), „Effi Briest" (1895)

Gottfried Keller (*1819, †1890)
Seine Werke sind geprägt von der Bejahung politischer Freiheit und von einem bürgerlichen Erziehungsideal.

Die späteren Novellen beschreiben häufig die Suche nach einem glücklichen Dasein, das am Ende in einem gesicherten gesellschaftlichen Status erreicht wird.

Beispiel: „Die Leute von Seldwyla" (1873/74)

Theodor Storm (*1817, †1888)
Seine Novellen klammern zunächst die sozialen und politischen Zeitfragen aus. Die Provinz und die Vergangenheit wurden erzählerische Rückzugsfelder.

Beispiel: „Immensee" (1849)

Die späteren Novellen beschreiben gesellschaftliche Zustände präziser (**Desillusionsnovellen**).

Beispiel: „Pole Poppenspäler" (1874)

In der Novelle **„Der Schimmelreiter"** (1888) erlaubte der Rückzug in die Vergangenheit eine Kritik aus liberaler Sicht an Adel und Klerus.

3.10 Naturalismus (ca. 1880–1900)

Der Naturalismus reagiert auf die Verschärfung der sozialen Probleme im Zuge der Industrialisierung am Ende des 19. Jh. (↑ S. 64) mit einem radikalen Angriff auf das bürgerliche Dichtungsverständnis, v. a. den poetischen Realismus.

Poetischer Realismus	Naturalismus
▸ **Thema:** der bürgerliche Mensch im Konflikt mit der Gesellschaft	▸ **Thema:** die Armen, Geknechteten und ihr Alltagsleben
▸ „verklärte" Darstellung der Wirklichkeit	▸ naturgetreue Abbildung der Wirklichkeit
▸ Ausschluss des Hässlichen	▸ Darstellung des Hässlichen

Kennzeichen der Literatur

Die Literatur bildet die Wirklichkeit detailgetreu ab. Sie orientiert sich an naturwissenschaftlichen Methoden und ist ein **wissenschaftliches Experiment,** das schonungslos die den Menschen bestimmenden Mechanismen bloßlegt.

Prägende **Themen** sind:

- Die Kritik am Bürgertum betrifft v. a. dessen Doppelmoral und Gleichgültigkeit gegenüber den sozialen Problemen.
- Armut, Alkoholismus, Krankheit, Gewalt, Verbrechen, Prostitution und Wahnsinn werden Gegenstand der Literatur.
- Alltagsszenen aus Fabrik, Mietskaserne, Hinterhof und Kneipe werden unverstellt geschildert.
- Im Zentrum der Werke steht der durch Herkunft, Milieu und Zeitumstände determinierte Mensch oder eine Gruppe, nicht mehr der individuelle Held.

Sprache und Stil: Die Verwendung von Umgangssprache, Dialekt und Jargon, bis hin zu Stottern oder Stammeln erfüllt die Forderung nach authentischer Gestaltung des Stoffes.

Die Technik des Sekundenstils

Die vom Naturalismus entwickelte Darstellungstechnik strebt die Deckungsgleichheit von Erzählzeit und erzählter Zeit an, um größtmögliche Authentizität zu erreichen.

Das naturalistische Drama

Der Schwerpunkt liegt auf der Darstellung der Zustände innerhalb eines bestimmten Gesellschaftskreises (**Milieudrama**) und sozialer Missstände (**soziales Drama**). **Kennzeichen** sind:

- Die wenigen Protagonisten sind einfache Menschen aus der Unterschicht, sie sprechen Dialekt oder Umgangssprache.
- Die geschlossene Handlung wird zugunsten von Stimmungsbildern aufgelöst, die Einheit von Ort, Zeit und Handlung wird aus Gründen der Wahrscheinlichkeit beibehalten.

Gerhart Hauptmann (*1862, †1946)

Im Mittelpunkt der naturalistischen Dramen stehen Menschen, deren Schicksal von der gesellschaftlichen Umgebung, dem **Milieu,** und ihren **Erbanlagen** bestimmt ist.

Als erstes deutschsprachiges naturalistisches Drama gilt **„Vor Sonnenaufgang“** (1889). Das Drama **„Die Weber“** (1892) zeigt ein getreues Bild des historischen Aufstands der schlesischen Weber von 1844. Die Darstellung der hoffnungslosen Lage, die die Menschen nicht verbessern können, macht das Drama zutiefst pessimistisch. Jeder Akt im Drama wird durch **genaue Regieanweisungen** eingeleitet, um Milieu und Atmosphäre so authentisch wie möglich darzustellen.

Die Novelle „**Bahnwärter Thiel**“ (1888) zeigt das Schicksal eines Menschen als vorherbestimmt.

3.11 Literatur der Jahrhundertwende (ca. 1890–1918)

Die Literatur der Wende zum 20. Jh. ist von der Parallelität verschiedener Stile geprägt, deren Grenzen oft fließend sind. Gemeinsam ist ihnen eine ästhetizistische Haltung.

Der Begriff des Ästhetizismus

Die literarischen Stile der Jahrhundertwende richten sich gegen die naturalistische Forderung, Literatur müsse die objektive Realität und soziale Konflikte darstellen, und bevorzugen dagegen die künstliche Welt des schönen Scheins.

Kennzeichen der Stilrichtungen

Neuromantik

Der Begriff ist umstritten, da viele Autoren nicht an die Romantik als Epoche anknüpfen. Die Werke sind vielmehr von Irrationalismus, Individualismus und Ästhetizismus geprägt. **Vertreter:** Ricarda Huch (*1864, †1947), Hermann Hesse (*1877, †1962), Stefan Zweig (*1881, †1942)

Impressionismus

Die Bezeichnung für den um 1870 entstandenen französischen Malereistil wurde auf die literarische Strömung übertragen. Prägende **Kennzeichen** sind:

- Die äußere Handlung tritt in den Hintergrund zugunsten des Subjektiven, der Empfindung.
- Die exakte **Beschreibung von Seelenzuständen** gerät oft zur Aneinanderreihung von Stimmungen und Bildern.
- Zur detaillierten Wiedergabe des einmaligen, unverwechselbaren Augenblicks dient eine **lautmalerische Sprache.**

- Bevorzugte Formen sind Skizze, Novelle, Einakter und Lyrik.

Vertreter: Detlev von Liliencron (*1844, †1909), Richard Dehmel (*1863, †1920), Arthur Schnitzler (*1862, †1931).

Symbolismus

Die literarische Strömung entstand 1860 in Frankreich und wirkte auf die gesamte europäische Literatur, v. a. die Lyrik. Prägende **Kennzeichen** sind:

3

- Literatur schafft eine **zweckfreie Kunstwelt,** die politische, gesellschaftliche und moralische Bezüge ausblendet.
- Frei gesetzte Bildzeichen, **Symbole,** erzeugen die autonome Welt des Schönen. Sie lassen die geheimnisvollen Zusammenhänge hinter den Dingen nur erahnen.
- Die Sprache verzichtet meist auf Reim und Versform und setzt v. a. auf **Klangwirkung.**

Vertreter: Stefan George (*1868, †1933), Ricarda Huch.

Die Theorie des L'art pour l'art

Die Kunsttheorie des L'art pour l'art fordert eine zweckfreie und nur sich selbst verpflichtete Kunst, die ausschließlich der Gestaltung des Schönen gewidmet ist.

Dekadenzliteratur

Die Stilrichtung prägt das Bewusstsein des Niedergangs (frz. décadence) der Kultur am Ende des 19. Jh. **(Fin de Siècle).** Prägende **Kennzeichen** sind:

- Das **Sinnlich-Schöne** wird gegenüber einer von bürgerlicher Moral bestimmten Wirklichkeit verabsolutiert.
- Gleichzeitig werden Schönheit und sinnlicher Genuss mit **Krankheit** und **Todesverfallenheit** konfrontiert.
- Charakteristisch ist der Hang zu Traum, Rausch und Perversion.

- Im Zentrum stehen oft psychologische Darstellungen von überreizten oder nervösen, am Rande der Gesellschaft stehenden Figuren und deren Seelenzuständen.

Vertreter: Arthur Schnitzler, Hugo von Hofmannsthal, Rainer Maria Rilke

Autoren der Jahrhundertwende

Hugo von Hofmannsthal (*1874, †1929)

Seine frühen Gedichte und Dramen entstanden im Geist des Fin de Siècle, die späteren Gedichte sind dem Symbolismus zuzuordnen.

Seit dem sog. **„Chandos-Brief“** (1902), in dem es um die Unfähigkeit der Sprache, Gesehenes und Gedachtes angemessen wiederzugeben, geht, ergänzte Hofmannsthal seinen Ästhetizismus um eine ethisch-gesellschaftskritische Komponente.

In den späteren Dramen greift er literarische Traditionen auf und füllt sie mit neuen Inhalten.

Beispiele: „Elektra“ (1904) ist die psychologisierende Bearbeitung einer griechischen Tragödie; „Jedermann“ (1911) greift das mittelalterliche Mysterienspiel auf.

Rainer Maria Rilke (*1875, †1926)

Seine frühen Gedichte sind der Neuromantik und dem Jugendstil verpflichtet. Mit dem Roman „Die Aufzeichnungen des Malte Laurids Brigge“ (1910) und den „Neuen Gedichten“ entwickelte er einen eigenständigen Stil.

Die Sprache der **Dinggedichte** (↑S. 110) prägen nicht Gefühle, sondern die Präzision der Beschreibung. Bilder, Tiere, Landschaften werden unter völliger Zurücknahme des dichtenden Subjekts so beschrieben, dass sie selbst zum Subjekt zu werden scheinen.

Beispiel: „Der Panther“ (1907)

Heinrich Mann (*1871, †1950) (↑ S. 81)

Er verstand sich Zeit seines Lebens als demokratischer und sozialistischer Schriftsteller, der für Weltoffenheit und gegen den Nationalismus kämpfte.

Seine frühen Romane sind von der Dekadenzstimmung und dem Schönheitskult der Jahrhundertwende geprägt. Der Roman **„Professor Unrat oder Das Ende des Tyrannen“** (1905) thematisiert das Trügerische und die Brüchigkeit der bürgerlichen Gesellschaft.

Thomas Mann (*1875, †1955) (↑ S. 80)

Der Roman **„Buddenbrooks. Verfall einer Familie“** (1901) beschreibt den Niedergang einer Lübecker Kaufmannsfamilie über mehrere Generationen hinweg. Die zunehmende geistig-seelische Verfeinerung geht einher mit dem Schwinden von bürgerlichen Tugenden, die ehemals die Grundlage des wirtschaftlichen Erfolges der Familie waren. Mit dem zarten musikalischen Hanno stirbt schließlich im Kindesalter der letzte Nachfolger.

In den Novellen **„Tonio Kröger“** (1903) und **„Der Tod in Venedig“** (1912) geht es um die Polarität und den unlösbaren Konflikt von Geist und Leben, Künstler- und Bürgerexistenz.

Frank Wedekind (*1864, †1918)

Sein bekanntestes Stück, **„Frühlings Erwachen“** (1891), und seine anderen Dramen sind gegen die Erstarrung und die verlogene Moral des Bürgertums, dem es nur um die Aufrechterhaltung des äußeren Scheins geht, und die Behinderung eines freien, auch sexuell betonten Lebens gerichtet. Heuchlerisches Verhalten stellt er durch satirische Überzeichnung bloß.

Mit neuen Formen, die Szenen nur noch lose aneinander reihen und symbolische, groteske oder gespenstische Züge wie selbstverständlich neben Realistisches stellen, wurde er zum Wegbereiter des Expressionismus.

3.12 Expressionismus (ca. 1910–1920)

Der Expressionismus ist eine in Literatur, bildender Kunst und Musik auftretende Strömung, die nach radikal neuen Ausdrucksformen (lat. expressio „Ausdruck“) suchte.

Gemeinsam war den meisten Vertretern des frühen Expressionismus ein **neues Lebensgefühl:**

- **Aufbegehren** gegen das Autoritätsdenken und den Bürokratismus des wilhelminischen Bürgertums,
- **Protest** gegen Kapitalismus, Imperialismus, Nationalismus und Industrialisierung,
- **Angst** vor der Gefährdung des Menschen durch die zunehmende Mechanisierung des Lebens,
- **apokalyptisches Lebensgefühl** aufgrund der katastrophalen Erfahrung des Ersten Weltkriegs,
- **neues Menschenbild,** das von Individualität und Humanität geprägt ist,
- **Ablehnung** der streng naturwissenschaftlichen Haltung des **Naturalismus** sowie des Ästhetizismus von Symbolismus und **Jugendstil.**

Expressionistische Literatur

Kennzeichen und Themen

In der Literatur des Expressionismus stehen das „rasende Leben“ der Tat, der Aktion, intensives Gefühl, leidenschaftliches Engagement für den Einzelnen und der Aufruf zu Aufbegehren und Erneuerung im Vordergrund.

Diese Haltung bringen die Titel der bedeutendsten expressionistischen Zeitschriften **„Der Sturm“** (1911–32) und **„Die Aktion“** (1911–1932) zum Ausdruck.

Die expressionistische Literatur kennzeichnet die radikale **Befreiung** von **traditionellen Formen** und konventioneller Sprache sowie **provokant sachliche Schilderungen,** häufig tabuisierter Themen.

Themen	Beispiele
Tempo der Großstadt	Georg Heym, „Berlin“ (1911), „Gott der Stadt“ (1911)
Tod, Verfall, Verwesung	Gottfried Benn, „Mann und Frau gehen durch die Krebsbaracke“ (1912), „Morgue“ (1912)
Weltuntergang	Else Lasker-Schüler, „Weltende“ (1917); Jacob van Hoddis, „Weltende“ (1911)
Nichtigkeit des Daseins	Gottfried Benn, „Schöne Jugend“ (1912); Georg Trakl, „Ruh und Schweigen“ (1915)
Vater-Sohn-Konflikt	Walter Hasenclever, „Der Sohn“ (1914); Arnolt Bronnen, „Vatermord“ (1920)

Lyrik

Bis etwa 1915 war der Expressionismus weitgehend von der Lyrik geprägt. In den Gedichten ging es nicht mehr um die Gestaltung des Schönen, sondern um den intensiven Ausdruck des inneren Erlebens der Außenwelt.

Die **Sprache** weist folgende Kennzeichen auf:

- **Neologismen,** um neue Sinngehalte ausdrücken zu können,
- Aneinanderreihung in sich abgeschlossener Bilder (**Chiffren**) und **kühner Metaphern,** deren Sinn sich erst aus dem Zusammenhang oder dem Bezug zum Titel des Gedichts ergibt und die beim Leser Assoziationen auslösen sollen,
- **Interjektionen,** Ausrufe, Laute sowie häufige Satzzeichen, die der ekstatischen Verstärkung des Ausdrucks dienen,
- **Sprengung der herkömmlichen Grammatik,** um Visionen, Träume, Mystik, Ekstase darzustellen.

Formal weist die expressionistische Lyrik unterschiedliche Entwicklungsstränge auf:

- Viele Autoren behielten die **traditionelle liedhafte Form** bei.
  Beispiel: Georg Heym, „Deine Wimpern, die langen" (1911)

Die Suche nach neuen Ausdrucksmöglichkeiten führte jedoch auch zum **Aufbrechen der traditionellen Formen:**

- Schaffung neuer Formen bzw. Verzicht auf Gestaltung in Reimform und Rhythmus,
  Beispiel: August Stamm, „Trieb" (1914)
- Aufbrechen besonders strenger Formen, z. B. des Sonetts, durch neue Inhalte.
  Beispiele: Georg Heym, „Der Hunger" (1911), „Berlin" (1911)

Wichtige **Gedichtsammlungen** veröffentlichten u. a. Else Lasker-Schüler, „Styx" (1902); Georg Heym, „Der ewige Tag" (1911); Kurt Hiller, „Der Kondor" (1912); Kurt Pinthus (Hg.), „Menschheitsdämmerung" (1920).

Drama

Die frühexpressionistischen Dramen entstanden ab etwa 1910 und sind oft noch naturalistisch gefärbt.
Beispiel: Else Lasker-Schüler, „Die Wupper" (1909)

Seit etwa 1915 entwickelte das expressionistische Drama einen **neuen Bühnenstil.** Typisch für ihn sind:

- ausgedehnte Monologe,
- lyrisch-hymnische Sequenzen,
- typisierte Figuren,
- pathetische Gebärde, Tanz, Pantomime,
- zeitlose Kostüme und ein abstraktes Bühnenbild.

Beispiel: Walter Hasenclever, „Der Sohn" (1914)

Zur bevorzugten Form wurde das **Stationendrama** (↑ S. 143), dessen prägende **Kennzeichen** sind:

- Aneinanderreihung relativ autonomer Szenen („Stationen"), deren Verbindung durch eine zentrale Figur hergestellt wird.
- Die zentrale Figur verändert sich durch Begegnungen und Aufenthalte an verschiedenen Orten innerlich und äußerlich.
- Die Abfolge der Szenen zielt nicht auf chronologische Darstellung einer geschlossenen Handlung und Entfaltung eines Konflikts, sondern auf die Beschreibung von Zuständen.
  Beispiele: Georg Kaiser, „Von Morgens bis Mitternachts" (1912); Ernst Toller, „Die Wandlung" (1919)

3.13 Literatur der Weimarer Republik (1918–1933)

Nach dem Ersten Weltkrieg (1918) existierten unterschiedliche literarische Strömungen gleichzeitig. Neben den Expressionismus traten zwei weitere **avantgardistische Richtungen:**

- Der **Dadaismus** entstand 1916 als Antwort auf die heroischen Kriegsparolen und die als hohl empfundenen bürgerlichen Werte. Die dadaistische Antikunst reiht zufällig Worte zu bedeutungslosen Verbindungen aneinander, die nur optisch oder klanglich wirken sollen.
- Der in Frankreich entstandene **Surrealismus** sucht die eigentliche Wirklichkeit im Unbewussten, das sich der rationalen Erkenntnis entzieht. Eine zentrale Rolle spielen Träume, Visionen, Hypnose und Rauschzustände. Die Literatur verzichtet auf Logik, Syntax und traditionelle Gestaltung.

Die **Arbeiterliteratur,** deren Schauplätze/Protagonisten dem proletarischen Milieu entstammen, erlebte ihren Höhepunkt.
Beispiel: Anna Seghers, „Aufstand der Fischer von St. Barbara" (1928)

Neue Sachlichkeit

Die bestimmende literarische Strömung der 1920er-Jahre war die Neue Sachlichkeit. Sie reagierte auf die nüchterne Realität der Weimarer Republik, die zeitweise von Inflation und politischer Instabilität geprägt war.

Kennzeichen

Im Gegensatz zum Expressionismus will die Neue Sachlichkeit eine **sachlich-objektive Darstellung der Wirklichkeit.** Daraus ergaben sich Folgen für die Wahl der **Themen** und den **Stil:**

- Verzicht auf Kommentar, Übertreibung, Pathos oder Beschönigung des Dargestellten,
- Schmucklosigkeit, Kühle, Präzision in der Beschreibung,
- Verzicht auf formale Experimente,
- Verwendung von Darstellungstechniken des Films, wie z. B. verschiedene Blickwinkel, Simultantechnik, Montage,
- bevorzugte Themen sind die sozialen und ökonomischen Verhältnisse und das Alltags- und Arbeitsleben der Menschen in den Großstädten.

Die Begriffe der Simultantechnik und Montage

Mit der Simultantechnik werden gleichzeitig stattfindende Geschehnisse oder Handlungen dargestellt. Verwendet werden hierbei Collage- und Montagetechniken, die unterschiedliche Textteile ohne Zusammenhang zusammenfügen.

Roman

Beim Roman entwickelten sich unterschiedliche Formen:

- Der **Zeitroman** strebt ein möglichst umfassendes und anschauliches Bild der Gegenwart (**Gegenwartsroman**) an, das auch Zeitkritik und utopische Entwürfe einschließen kann. *Beispiel:* Alfred Döblins (*1878, †1957) Großstadtroman

„Berlin Alexanderplatz“ (1929) erreicht mithilfe von Simultantechnik und der Montage von Schlager- und Bibelzitaten, Reklametexten, Schlagzeilen, Geräuschkulissen und der Verwendung von Jargon und Dialekt Authentizität. Die Vielfalt der literarischen Verfahren dient dazu, die Vielschichtigkeit der Wirklichkeit angemessen darstellen zu können.
Weitere Beispiele: Hans Fallada, „Kleiner Mann, was nun?“ (1932); Erich Kästner, „Fabian“ (1931)

- Der **Reportageroman** baut auf Tatsachenberichten (Zeitungsnotizen, Gerichtsprotokolle, Tagebücher u. Ä.) auf.
  Beispiel: Erik Reger, „Union der festen Hand“ (1931)
- Der **historische Roman** nutzt die Geschichte, um sich mit Problemen der Gegenwart auseinander zu setzen.
  Beispiel: Lion Feuchtwanger, „Jud Süß“ (1925)

Neben der Großstadt war der **Erste Weltkrieg** wichtigster Stoff v. a. der Romanliteratur. Erich Maria Remarques (*1898, †1970) **Antikriegsroman** „Im Westen nichts Neues“ (1929) beschreibt die Sinnlosigkeit der Zerstörung des Menschen durch den Menschen und bricht das Tabu des Heldentodes.

Neue Formen

Die Forderung nach sachlich-objektiver Darstellung von Fakten führte zur Entstehung neuer Formen:

- Die **Reportage** beruht auf Nachforschungen, Gesprächen, Beobachtungen und eigenen Erfahrungen, die durch den Reporter vermittelt werden.
  Beispiel: Egon Erwin Kisch, „Der rasende Reporter“ (1925)
- Das **Dokumentartheater** beruht auf der Zusammenstellung dokumentarischen Materials wie Akten, Protokollen, Interviews, Presseberichten und verfolgt meist eine politische oder gesellschaftskritische Absicht. Mit den Inszenierungen Erwin Piscators Ende der 1920er-Jahre erreichte es einen Höhepunkt.

Bertolt Brecht und das epische Theater

Das Sachlichkeitskonzept von Brecht (*1898, †1956) gründet in einer linksbürgerlichen bis kommunistischen Weltsicht und zielt darauf, die Welt und ihre kausalen Zusammenhänge durchschaubar zu machen.

In den 1920er-Jahren entwickelte Brecht das epische Theater, das sich grundlegend vom klassischen aristotelischen Theater unterscheidet und dessen Schlüsselbegriff die **Verfremdung** ist. Verfremdungseffekte sollen dem Zuschauer den nötigen Abstand zum Geschehen geben, damit er selbst zu Erkenntnissen kommt und nach Lösungen sucht.

	aristotelisches Theater	episches Theater Verfremdungseffekt
Aufbau/ Handlung	drei/fünf Akte mit geschlossener Entwicklungshandlung	Aneinanderreihung von Einzelszenen, offener Schluss
	Darsteller verkörpern ihre Rollen	Darsteller führen ihre Rollen vor
Ziele	Identifikation mit den Personen auf der Bühne	Distanz zu den Personen auf der Bühne
	Einfühlung, Mitleid „Jammer“ und „Schrecken“	kritische Einstellung gegenüber der Welt, die zu politisch bewusstem Engagement führt

Weitere Verfremdungseffekte, die der Zerstörung der Illusion dienen, sind:
- Einführung eines Erzählers,
- Anrede des Publikums durch die Schauspieler
- Verzicht auf Requisiten,
- sichtbare Bühnentechnik.

Beispiele: „Mutter Courage und ihre Kinder" (1937/38), „Das Leben des Galileo Galilei" (1938/39)

Brechts **Lehrstücke** zeigen im Sinn der marxistisch-leninistischen Gesellschaftslehre an Modellsituationen Missstände der Gesellschaft auf, um sie zu verändern.
Beispiele: „Der Jasager und der Neinsager" (1930), „Die heilige Johanna der Schlachthöfe" (1932)

Weitere Autoren und Werke zwischen 1919 und 1933

Franz Kafka (*1883, †1924)

Kafkas Werke weisen sowohl Züge des **Expressionismus** als auch der **Neuen Sachlichkeit** auf. Kennzeichen seiner Romane, Erzählungen und Parabeln sind:

- lineare Erzählführung,
- wirklichkeitsgetreue Darstellung von Details,
- nüchterne Sprache,
- die unheimliche Verwandlung des scheinbar Vertrauten und Alltäglichen in etwas Fremdes oder Entsetzliches,
- die Darstellung des Menschen der modernen Gesellschaft in einer verwirrenden, verschlossenen und zerstörerischen Welt.

Werke: In der Erzählung **„Die Verwandlung"** (1915) verwandelt sich Gregor Samsa über Nacht in ein riesiges Ungeziefer; das Romanfragment **„Der Prozeß"** (posthum 1925) schildert den Verlauf einer rätselhaften Anklage und Verurteilung durch eine nicht greifbare Obrigkeit.

Hermann Hesse (*1877, †1962)

Sein Werk steht zwischen Neuromantik und Neuer Sachlichkeit und trägt eher konventionelle Züge. Seine Themen sind:

- die Entwicklung des Individuums,

- das Verhältnis von Künstler und Welt, Intellektualität und Sinnlichkeit, Verstand und Gefühl, Geist und Natur.

Werke: Der Roman **„Siddharta“** (1922) sucht eine Lösung für die Probleme der westlichen Welt durch die Verbindung von westlicher und östlicher (buddhistischer) Religion. In dem kulturpessimistischen Roman **„Der Steppenwolf“** (1927) führt die Flucht vor der „Krankheit der Zeit“ in die Musik, körperliche Liebe, fernöstliche Philosophie und Drogenrausch.

Kurt Tucholsky (*1890, †1935)
Er bevorzugte kleine **journalistische Formen** wie politische Gedichte, Kabarettsongs, Gerichtsreportagen, Essays und Kritiken. Die Texte sind meist von beißender Ironie und bitterer Satire gegen die Schwächen der Weimarer Republik geprägt.

Werke: Große Erfolge erzielte er mit der Liebesgeschichte „Rheinsberg“ (1912), die ironisch die wilhelminische Gesellschaft schildert, und dem Roman „Schloß Gripsholm“ (1931).

Thomas Mann (*1875, †1955) (↑ S. 71)
Seine Erzähltechnik knüpft an den Realismus des 19. Jh. an. Er schildert die geistigen und gesellschaftlichen Strömungen seiner Zeit, wiederkehrendes Thema ist die Polarität von Geist und Leben, Künstler- und Bürgerexistenz.

Werke: Der Roman **„Der Zauberberg“** (1924) steht in der Tradition des Bildungsromans. In der abgeschlossenen Welt eines Sanatoriums begegnet Hans Castorp verschiedenen Weltanschauungen und erlebt in der Auseinandersetzung mit ihnen seinen Reifeprozess. In der Erzählung **„Mario und der Zauberer“** (1930) setzt sich Mann mit Sigmund Freuds Theorie des Unbewussten und dem Verhältnis Führer und Gefolgschaft auseinander.

Heinrich Mann (*1871, †1950) (↑ S. 71)
Im Gegensatz zu seinem eher nationalkonservativ eingestellten Bruder Thomas war Heinrich Mann Kritiker des Bürgertums. Die realistische Darstellung und die in seinen Werken enthaltene soziale Tendenz rücken ihn in die Nähe des erst später definierten sozialistischen Realismus. Das gilt v. a. für die Romane, in denen er historische Themen verarbeitet.

Werke: In dem Roman **„Der Untertan“** (1918) setzt er sich in satirischer Überzeichnung mit dem deutschen Untertanendenken auseinander.

3.14 Literatur zwischen 1933 und 1945

Historischer Hintergrund
Die Machtergreifung der Nationalsozialisten 1933 wirkte sich folgendermaßen auf den Literaturbetrieb aus:
- Im Zuge der Gleichschaltung wurden regimekritische Verlage aufgelöst, Zeitschriften eingestellt, Rundfunk und Presse kontrolliert.
- Mit Verhaftungen linker Intellektueller und der Verbrennung von Büchern begann die Verfolgung unliebsamer Autoren.

Exilliteratur
Im Jahr 1933 mussten mehr als 2000 Autoren Deutschland aus politischen oder religiösen Gründen verlassen und ins Exil auswandern. 1934 und 1938 folgten zahlreiche österreichische Schriftsteller.

Die **Zentren** der Exilautoren waren zunächst Paris, Amsterdam, Prag, Wien und Moskau, nach 1940 die USA, Mexiko, die Schweiz, Schweden, Großbritannien und Palästina.

Häufig bauten die Autoren im Ausland einen eigenen **Literaturbetrieb** auf: Es wurden zahlreiche Verlage gegründet und deutschsprachige Zeitungen und Zeitschriften herausgegeben.

Autoren im Exil

Flucht wegen Verfolgung		Flucht als Protest
politische Gründe:	*religiöse Gründe:*	Heinrich Mann
Bertolt Brecht	Alfred Döblin	Klaus Mann
Johannes R. Becher	Else Lasker-Schüler	Thomas Mann
Carl Zuckmayer	Anna Seghers	Stefan Zweig
	Arnold Zweig	

Die **Themen** der Exilliteratur kreisen v.a. um zwei Bereiche. Zum einen sind die **Verhältnisse im Heimatland** Gegenstand der Werke:

- Zahlreiche Werke beschäftigen sich **ausdrücklich** mit dem Naziregime.
  Beispiel 1: Anna Seghers' (*1900, †1983) Roman „Das siebte Kreuz" (1942) schildert die Flucht von sieben Häftlingen aus einem nationalsozialistischen Konzentrationslager.
  Beispiel 2: Klaus Mann (*1906, †1949) behandelt in dem Roman „Mephisto" (1936) die Karriere eines deutschen Schauspielers während der nationalsozialistischen Herrschaft, der sich den Machthabern bedingungslos andient.
- In vielen Fällen beschäftigen sich Autoren **im übertragenen Sinn** mit ihrem Heimatland. Häufig geschieht dies mithilfe historischer Stoffe.
  Beispiel: Heinrich Mann, „Henri Quatre"-Romane (1935–38); Thomas Mann, „Joseph"-Romane (1933–43); Bertolt Brecht, „Mutter Courage und ihre Kinder" (1939), „Der gute Mensch von Sezuan" (1938–41)

Zum anderen werden die **Exilerfahrungen** der Autoren thematisiert, z.B. der Verlust der Heimat, des gewohnten Sprach-

raums, das Leben in einer fremden Gesellschaft und Kultur oder das ungesicherte Leben als Exilant.
Beispiel: Anna Seghers, „Transit“ (spanisch 1944)

Innere Emigration

Zahlreiche, meist konservative, konfessionell gebundene Autoren bürgerlicher Herkunft standen zwar in politischer Opposition zum Nationalsozialismus und distanzierten sich vom NS-Regime, gingen jedoch weder ins Exil noch in den offenen Widerstand. Sie blieben in Deutschland und wählten eine Haltung des zurückgezogenen Schreibens.

Autoren der inneren Emigration

Beharren auf den Traditionen
Ricarda Huch
Jochen Klepper
Ernst Wiechert
Werner Bergengruen

Bleiben aus Hilflosigkeit
Hans Fallada

Schreibverbot
Erich Kästner

Folgende **Merkmale** prägen hauptsächlich die Literatur der inneren Emigration:

- Die Autoren entwickelten eine **„verdeckte Schreibweise“**, die oppositionelle Inhalte „zwischen den Zeilen“ formuliert.
- Sie beriefen sich auf humanistische bzw. christliche Grundwerte und deren moralische Konsequenzen.
- Kritik wurde in historische, antike, orientalische Themen und Stoffe verhüllt, sodass sie von der Zensur schwer nachgewiesen werden konnte.

Wichtige **Werke:** Werner Bergengruen, „Der Großtyrann und das Gericht“ (1935); Jochen Klepper, „Der Vater“ (1937); Ernst Wiechert, „Das einfache Leben“ (1939).

Nationalsozialistische Literatur

Mit der Gründung der Nationalsozialistischen Deutschen Arbeiterpartei (NSDAP) 1919/20 kam eine Literatur auf, die sich zu der NS-Ideologie bekannte und die „Überlegenheit der arischen Rasse“, Antisemitismus, die Verherrlichung des Kriegs und die Überhöhung von Volk und Nation in den Mittelpunkt stellte.

Als rassistische Form der Heimatdichtung und Bauernliteratur entstand die von den Nationalsozialisten sogenannte **Blut-und-Boden-Dichtung,** die das Herkommen des Einzelnen aus der Familienabstammung (Blut) und aus der Region (Boden) als besonders positiv hervorhebt. Ihre Themen waren die Verherrlichung von Heimat, Bauerntum, Rasse und Volk.

3.15 Nachkriegsliteratur (1945 bis ca. 1965)

Die Literatur der ersten beiden Jahrzehnte nach dem Zweiten Weltkrieg, die unter dem Eindruck von Krieg und Holocaust in den kriegsbeteiligten Ländern entstand, wird Nachkriegsliteratur genannt.

Historischer Hintergrund

Nach der Aufteilung Deutschlands in Besatzungszonen (1945) entwickelten sich **zwei deutsche Literaturen,** die die Vergangenheit jeweils unterschiedlich verarbeiteten.

- Die offizielle Literaturdoktrin der **DDR** berief sich auf das klassische Erbe der deutschen Literatur und stellte die Literatur gemäß der Ideologie des sozialistischen Realismus in den Dienst der Beförderung der sozialistischen Gesellschaft.
- In der **Bundesrepublik Deutschland** war die Literatur von dem Bemühen um einen radikalen Neuanfang bestimmt.

Trümmerliteratur

Der Begriff bezeichnet die Literatur der jungen Autorengeneration, die 1945 aus den Trümmern, die die nationalsozialistische Herrschaft hinterlassen hatte, einen neuen Anfang suchte.
Ihre **Themen** sind:

- die Rückkehr aus dem Krieg,
- die zerstörten Verhältnisse in Deutschland.

Ein Hauptvertreter der Trümmerliteratur ist **Wolfgang Borchert** (*1921, †1947). Im Mittelpunkt seines Stücks **„Draußen vor der Tür“** (1947) steht der Kriegsheimkehrer Beckmann, der von der Gesellschaft und von Gott verlassen wird, weil er die Schrecken des Kriegs nicht vergessen und kein Jasager wie die Repräsentanten der Nachkriegsgesellschaft werden will.

3

Weitere Autoren und Werke: Heinrich Böll, „Der Zug war pünktlich“ (1949); Günter Eich, „Inventur“ (1945).

▶ Der Heimkehrerroman

Im Mittelpunkt des Geschehens steht ein meist aus dem Krieg oder aus der Gefangenschaft zurückgekehrter Mann, der sich mit seinen Kriegserfahrungen auseinander setzt, das vergangene nationalsozialistische System anklagt und versucht, sich in der zerstörten Heimat zurechtzufinden.

Gruppe 47

Die einflussreichste literarische Gruppierung in Westdeutschland bis in die 1960er-Jahre wurde 1947 von Hans Werner Richter, Alfred Andersch, Günter Eich, Heinrich Böll u. a. gegründet.

Die Autoren sahen sich als lockeren Zusammenschluss und hatten folgende gemeinsame **Ziele:**

- politisch-zeitkritische, ideologiekritische und antiautoritäre Einstellung,

- Ausrichtung gegen Autoren des Nationalsozialismus und der inneren Emigration,
- radikale Lösung von literarischen und sprachlichen Traditionen (**„Kahlschlag“**) und Bemühen um einen Neuanfang der Literatur (**„Stunde null“**),
- Anknüpfen an die literarische Tradition vor 1933.

Bis 1967 fanden 29 Tagungen statt, zu denen Autoren zu einer Lesung eingeladen wurde. Der Vortrag wurde anschließend einer umfassenden Kritik unterzogen, ohne dass der Autor dazu Stellung nehmen durfte. Am Ende erhielt der Autor des besten Beitrags den **Literaturpreis der Gruppe 47.**

Im Umkreis der Gruppe 47 entstanden wichtige **Nachkriegsromane:**

- **Heinrich Böll** (*1917, †1985) beschäftigt sich in den frühen Werken v. a. mit dem Kriegserlebnis und dem Versuch, sich wieder in eine Friedensgesellschaft einzufügen. Die Romane „Und sagte kein einziges Wort“ (1953) und „Haus ohne Hüter“ (1954) schildern die Not der Nachkriegszeit sowie das Weiterwirken nationalsozialistischen Denkens.
- **Günter Grass’** (*1927) Roman „Die Blechtrommel“ (1959) erzählt die Geschichte des zwergwüchsigen Blechtrommlers Oskar Matzerath in Danzig vor und während der nationalsozialistischen Besatzung und verarbeitet dabei deutsch-polnische Thematik, Nazizeit und Judenverfolgung.

Weitere Werke: Alfred Andersch, „Sansibar oder der letzte Grund“ (1957); Wolfgang Koeppen, „Das Treibhaus“

In der **Lyrik** herrschte die naturmagische Richtung vor. **Ingeborg Bachmann** setzt in den z. T. freirhythmischen Gedichten der Sammlungen „Die gestundete Zeit“ (1953) Natur als Metapher für die Ratlosigkeit des Menschen.

Unter dem Einfluss von Symbolismus und Surrealismus schrieb **Paul Celan** (*1920, † 1970), dessen Gedicht „Die Todesfuge" (1952) den Holocaust thematisiert.

Kurzgeschichte

Die Kurzgeschichte (↑ S. 130) gewann große Bedeutung als Mittel der Aufarbeitung der Vergangenheit. Ihre Themen sind sowohl die Erfahrungen in der Zeit des Nationalsozialismus und des Krieges als auch der Wiederaufbau. Ihr Vorbild ist die amerikanische Short Story. Die wichtigsten **Kennzeichen** sind:

- Konzentration auf einen entscheidenden, oft inmitten alltäglicher Begebenheiten stattfindenden Augenblick im Leben eines Menschen,
- geringer Umfang und straffe Komposition,
- meist offener Schluss.

Autoren und Werke: Heinrich Böll, „Wanderer, kommst du nach Spa..." (1950); Wolfgang Borchert, „Nachts schlafen die Ratten doch" (1946/47); Ilse Aichinger, „Der Gefesselte" (1952); Marie Luise Kaschnitz, Elisabeth Langgässer, Wolfdietrich Schnurre.

Wiener Gruppe

Schwerpunkt der 1952 entstandenen Gruppe österreichischer Autoren waren **avantgardistische Experimente,** die v. a. dem Dadaismus und dem Surrealismus verpflichtet waren.

Zur Wiener Gruppe gehörten folgende **Autoren:** Friedrich Achleitner, H. C. Artmann, Konrad Bayer, Gerhard Rühm und Oswald Wiener.

Die Autoren der Wiener Gruppe schufen die **konkrete Dichtung** (konkrete Poesie, ↑ S. 110), die mit dem konkreten sprachlichen Material (Buchstaben, Silben, Wörter) experimentiert, ohne dass die Satzbaulehre und die Funktion der Wörter als Bedeutungsträger eine Rolle spielen.

Die konkrete Dichtung hat zwei Erscheinungsweisen:
- Die **visuelle Dichtung** nutzt die grafische Form des sprachlichen Zeichens und ordnet Wörter typografisch sinnträchtig an.
- Die **akustische Dichtung** reiht Laute, Lautfolgen oder Lautgruppen in geordneter oder zufälliger Form aneinander.

Wichtige **Vertreter** sind: Eugen Gomringer, Ernst Jandl („Laut und Luise", 1966), Helmut Heißenbüttel.

3.16 Literatur der DDR

Nach der Teilung Deutschlands, die durch den Mauerbau am 13. August 1961 zementiert wurde, entwickelte sich in der DDR eine Literatur, die bereits 1954 als die Fortsetzung der „besten" deutschen Literaturtraditionen ausgegeben und zum Zentrum einer neuen deutschen Nationalliteratur erhoben wurde.

Literaturbetrieb

Der Literaturbetrieb der DDR war durch die **Vereinnahmung der Autoren durch Staat und Partei** geprägt. Häufig setzten sich die Schriftsteller jedoch nicht im Sinn des verordneten **sozialistischen Realismus** mit der gesellschaftlichen Wirklichkeit auseinander, auch wenn sie an der sozialistischen Utopie festhielten.

Nicht systemkonforme Schriftsteller hatten mit Repressalien zu rechnen. Kritische Äußerungen führten zu:
- Ausschluss aus der Sozialistischen Einheitspartei Deutschland (SED),
- Ausschluss aus dem Schriftstellerverband,
- Druck- oder Aufführungsverboten.

Nach der **Ausbürgerung von Wolf Biermann** 1976 wanderten zahlreiche prominente Autoren in die Bundesrepublik Deutschland aus.

Autoren, die auswanderten	Autoren, die in der DDR blieben	DDR-Autoren, die in westdeutschen Verlagen veröffentlichten
Jurek Becker (1977) Thomas Brasch (1976) Sarah Kirsch (1977) Günter Kunert (1979) Reiner Kunze (1977)	Franz Fühmann Christoph Hein Heiner Müller Erwin Strittmatter Christa Wolf	Stefan Heym Rolf Schneider Volker Braun

3

Sozialistischer Realismus

Die offizielle Kunstdoktrin der sozialistischen Länder wurde 1934 in der Sowjetunion und nach 1945 in den Ländern des Warschauer Pakts festgelegt. Sie forderte:

- die Übereinstimmung mit den politischen und ideologischen Positionen des Sozialismus,
- den Realismus als künstlerisches Prinzip.

Merkmale der Literatur sind:

- Im Mittelpunkt steht ein nachahmenswerter positiver Held.
- Die Wirklichkeit wird naturgetreu, unmittelbar realistisch abgebildet.
- Die Erzählkonstruktionen sind leicht überschaubar, damit auch dem ungeübten „proletarischen“ Leser die Lektüre ermöglicht wird.

Ziel der Lektüre sollte die **ideologische Erbauung** und **politische Teilnahme** sein. In der DDR wurde mit dem Bitterfelder Weg versucht, den sozialistischen Realismus verstärkt in die literarische Praxis einzubinden.

Das Programm des Bitterfelder Wegs

Das bei den Bitterfelder Konferenzen 1959 und 1964 formulierte kulturpolitische Programm der DDR forderte, dass die „Trennung zwischen Hand- und Kopfarbeit" aufgehoben werden soll, d. h., die Kulturschaffenden sollten das Leben der „werktätigen" Bevölkerung besser kennen lernen, die Arbeiter sollten zum Schreiben angeregt werden.

Der Bitterfelder Weg war der programmatische Versuch, eine spezielle **Arbeiterliteratur** zu entwickeln, die die realistische Beschreibung des Arbeitsalltags im Sozialismus zum Ziel hatte.

Unter **Ankunftsliteratur** verstand man Werke, meist Romane, in denen der Held seinen Weg in die sozialistische Gesellschaft findet.

Beispiele: Karl-Heinz Jakobs, „Beschreibung eines Sommers" (1961); Brigitte Reimann, „Ankunft im Alltag" (1961)

Autoren und Werke der DDR-Literatur

Christa Wolf (* 1929, † 2012)

Die Erzählung **„Der geteilte Himmel"** (1963) erzählt das Scheitern einer Liebe unter Verhältnissen, in denen zur Verwirklichung unterschiedlicher Lebensentwürfe zwei unterschiedliche Länder zur Verfügung stehen: Die Studentin Rita entscheidet sich gegen ihren Freund für ein Leben in der DDR.

Mit dem Roman **„Nachdenken über Christa T."** (1968) gelangte Wolf zu einer subjektiven Erzählweise, die die DDR-Gesellschaft nur noch aus der Distanz darstellt.

Der autobiografische Roman **„Kindheitsmuster"** (1976) verbindet Kindheitserfahrungen im Nationalsozialismus mit aktuellen Erlebnissen. Der Roman **„Kassandra"** (1983) setzt sich kritisch mit der herrschenden Elite der DDR auseinander.

Jurek Becker (*1937, †1997)
Zentrales Thema seiner Romane ist das Glücksverlangen des Einzelnen. Der Roman **„Jakob der Lügner“** (1968) spielt im jüdischen Getto von Lodz 1944 und erzählt die Geschichte von Jakob, der behauptet, ein Radio zu besitzen, und Nachrichten über die bevorstehende Befreiung durch die Alliierten erfindet. Seine Lüge gibt den Gettobewohnern Hoffnung und Mut zum Durchhalten.

Uwe Johnson (*1934, †1984)
Sein Werk ist geprägt von den Problemen der Teilung Deutschlands. Der Roman **„Mutmaßungen über Jakob“** (1959) erzählt die Geschichte von Jakob und Gesine, die in keinem der beiden deutschen Staaten Verhältnisse finden, in denen ein gemeinsames Leben möglich erscheint.

Ulrich Plenzdorf (*1934)
Das Stück **„Die neuen Leiden des jungen W.“** (1968) knüpft an Goethes „Werther“ an und spiegelt Sprache und Lebensgefühl der DDR-Jugend in den 1970er-Jahren wider. Edgar Wibeau leidet unter den Anpassungszwängen und autoritärer Erziehung und sucht ein Leben ohne Bevormundungen durch Staat und Partei.

In dem Drehbuch zu dem Film **„Die Legende von Paul und Paula“** (1974), das in kunstvoller Mischung von Traum und Wirklichkeit die Geschichte einer großen Liebe erzählt, schuf er ein poetisches Gegenbild zum sozialistischen Alltag.

Heiner Müller (*1929, †1995)
Seine frühen Stücke (z. B. „Der Lohndrücker“, 1957) stellen die Konflikte des Arbeitsalltags ungeschönt dar. Nach dem Ausschluss aus dem Schriftstellerverband griff Müller auf klassische antike und mythologische Stoffe sowie Shakespeares Dramen zurück.

Seine Dramen **„Germania Tod in Berlin“** (1977) und **„Die Hamletmaschine“** (1979) rechnen im Sinne der marxistischen Geschichtsauffassung mit dem Faschismus ab.

Lyrik

Die Lyrik wurde von folgenden Autoren maßgeblich geprägt:

- **Johannes Bobrowski** (*1917, †1965) beschwört in den 1960er-Jahren mit seinen Lyrikbänden „Sarmatische Zeit“ (1961) und „Schattenland Ströme“ (1962) ein Zusammenleben von deutscher, jüdischer und slawischer Kultur.
- **Sarah Kirsch** (*1935) findet eine neue lyrische Subjektivität, die in lakonischer Sprache die Themen Natur im Gegensatz zu Geschichte und Zivilisation, der Einzelne im Kontrast zur Gesellschaft, Liebe und Einsamkeit gestaltet.
  Beispiele: „Landaufenthalt“ (1967), „Zaubersprüche“ (1973)
- Die Lyrik von **Reiner Kunze** (*1933) stellt das subjektive Erleben in den Mittelpunkt, das in reimlosen Formen und Metaphern, die mit Widersprüchlichkeiten spielen, dargestellt und oft ironisch gebrochen wird.
  Beispiele: „widmungen“ (1963) „zimmerlautstärke“ (1972)

3.17 Literatur der Bundesrepublik Deutschland, der Schweiz und Österreichs

Nach dem Zweiten Weltkrieg gab es im deutschen Sprachraum vier Literaturen. Während sich die Literatur der DDR (bis 1989) unter dem Einfluss des sozialistischen Realismus entwickelte, prägen die Literatur der Bundesrepublik Deutschland, die Literatur Österreichs und der Schweiz andere Entwicklungstendenzen.

Literatur der 1960er-Jahre

In den 1960er-Jahren fand eine **Politisierung der Literatur** statt: Literatur bekam eine politische, gesellschaftskritische und moralische Funktion. Vor allem die Studentenbewegung 1968 forderte eine subversive Literatur, die gegen Militarisierung, Konservatismus und den Vietnamkrieg protestierte.

Themen der Literatur	Beispiele
Nationalsozialismus, Zweiter Weltkrieg	Günter Grass, „Katz und Maus" (1961), „Die Blechtrommel (1959)
Holocaust, Antisemitismus	Max Frisch, „Andorra" (1961); Rolf Hochhuth, „Der Stellvertreter" (1963)
persönliche Schuld des Einzelnen	Siegfried Lenz, „Deutschstunde" (1968); Günter Grass, „Hundejahre" (1963)
Menschen in Isolation, Krisensituationen, Vereinsamung sowie Identitätsproblematik	Max Frisch, „Stiller" (1954), „Mein Name sei Gantenbein" (1964)
Gesellschaftskritik	Heinrich Böll, „Billard um halb zehn" (1959), „Ansichten eines Clowns" (1963), „Gruppenbild mit Dame" (1971); Peter Rühmkorf, „Die Handwerker kommen" (1974)

Arbeiterliteratur

Die 1961 gegründete **Gruppe 61** hatte die literarische Auseinandersetzung mit der industriellen Arbeitswelt zum Ziel. Vertreter ist u. a. **Max von der Grün** (*1926), dessen autobiografische Romane „Männer in zweifacher Nacht" (1962) und „Irrlicht und Feuer" (1963) im Kohlerevier spielen.

Der **Werkkreis Literatur der Arbeitswelt** spaltete sich 1970 von der Gruppe 61 ab. Die Vereinigung von Schriftstellern und

Werktätigen verfolgte die Darstellung und Verbesserung der Verhältnisse am Arbeitsplatz mit schriftstellerischen Mitteln. Ein Vertreter ist u. a. **Günter Wallraff** (*1942) mit seinen „Industriereportagen" (1966/70).

Dokumentarliteratur

Sie verarbeitet Tatsachenmaterial wie Akten, Protokolle, Interviews, Presseberichte, Bilddokumente und verfolgt als engagierte Literatur eine politische und gesellschaftskritische Absicht. In den 1960er-Jahren trat dokumentarische Literatur v. a. als **Dokumentartheater** auf.

Wichtige **Vertreter** der Dokumentarliteratur sind:

- **Günter Wallraff:** Seine „Industriereportagen" (1966/70) sind dem sozialen Engagement verpflichtet. Für Reportagen wie „Der Aufmacher" (1977) oder „Ganz unten" (1985) nahm er falsche Identitäten an, um Missstände zu recherchieren.
- **Rolf Hochhuth:** Das Drama „Der Stellvertreter" (1963) kritisiert die katholische Kirche wegen ihrer Haltung gegenüber der nationalsozialistischen Judenverfolgung.
- **Heinar Kipphardt:** Das Drama „In der Sache J. Robert Oppenheimer" (1964) verarbeitet den Prozess gegen den amerikanischen Atomphysiker Oppenheimer, dem die USA vorgeworfen hatten, 1943–45 die Entwicklung der Wasserstoffbombe verzögert zu haben.
- **Peter Weiss:** Das Drama „Die Ermittlung" (1965) versucht, den Auschwitz-Prozess szenisch darzustellen.

Literatur der 1970er-Jahre

Neue Subjektivität

Die Hauptströmung in der deutschsprachigen Literatur der 1970er-Jahre verdrängte die politische Funktionsbestimmung der Literatur durch die Wendung in die **Innerlichkeit.**

Zum **Gegenstand** des Schreibens wurden nun:

- individuelle Befindlichkeiten und Wahrnehmungen,
- alltägliche Erfahrungen,
- private Beziehungen.

Der Kern der Literatur der „Neuen Subjektivität" oder „Neuen Innerlichkeit" ist die **„Betroffenheit".**
Beispiele: Rolf Dieter Brinkmann, „Rom, Blicke" (1979); Peter Schneider, „Lenz" (1973); Peter Handke, „Wunschloses Unglück"

3

In vielen Werken wird die **eigene Biografie** zum Schreibanlass. Autobiografische Erzählwerke stammen von: Wolfgang Koeppen, „Jugend" (1976); Thomas Bernhard, „Die Korrektur" (1975), „Beton" (1982); Elias Canetti, „Die gerettete Zunge" (1977), „Fackel im Ohr" (1980), „Das Augenspiel" (1985).

Frauenliteratur

Die feministische Bewegung, die seit den 1960er-Jahren für Gleichberechtigung der Frauen kämpfte und politische und soziale Forderungen gegen traditionelle gesellschaftliche Rollen und männliche Überlegenheitsansprüche formulierte, führte dazu, dass sich auch die Werke zahlreicher Autorinnen der **Frage nach weiblicher Identität** und dem **Geschlechterverhältnis** widmeten.

In der Folge entwickelten sich zwei **literarische Richtungen:**

- Die Literatur der **Selbsterfahrung** reflektiert die gesellschaftliche Rolle, das Selbstverständnis und das Selbstbewusstsein von Frauen.
  Beispiele: Karin Struck, „Klassenliebe" (1973); Verena Stefan, „Häutungen" (1975); Ursula Krechel, „Erika" (1973)
- Anderen Autorinnen ging es um die Besonderheiten der weiblichen Art des Schreibens, die **„weibliche Ästhetik".**

Wichtige **Vertreterinnen** der Frauenliteratur sind:

- **Ingeborg Bachmann** (* 1926, † 1973): Themen ihrer Prosa sind v. a. die umfassende, aber scheiternde Liebe der Frau und die Versuche weiblicher Selbstverwirklichung angesichts männlicher Vorherrschaft.
  Beispiele: „Das dreißigste Jahr" (1961), „Simultan" (1971); der Roman „Malina" (1971) zeichnet das Bild des gespaltenen Ichs der Frau nach.
- **Elfriede Jelinek** (* 1946): In Werken voller Verfremdungseffekte und Tabuverletzungen thematisiert sie die Situation der Frau in einer von Männern dominierten Gesellschaft, die sexuelle Unterdrückung der Frau, die Zerstörung der Persönlichkeit.
  Beispiele: „wir sind lockvögel baby" (1970), „Die Klavierspielerin" (1983)

Literatur der 1980er-Jahre

Der Trend der 1980er-Jahre war insbesondere eine **experimentelle** und **provokative Literatur** aus dem Geist der Postmoderne.

Der Begriff der Postmoderne

Dieser Begriff aus der Kunsttheorie bezeichnet Bestrebungen, sich von den avantgardistischen Zielen und Techniken der Moderne abzuwenden und Formen aufzunehmen, die die Moderne als veraltet abgelehnt hatte.

Daneben prägt die Texte aber auch weiterhin **Zeit- und Gesellschaftskritik,** als politische Themen stehen die **Umweltzerstörung** und das **Wettrüsten** im Vordergrund.
Beispiel: Günter Grass, „Die Rättin" (1986)

Drama

Die Dramen sind v. a. von **Gesellschaftskritik** geprägt:

- **Tankred Dorst** (*1925): Seine Helden sind Einzelgänger, die sich in der Gesellschaft nicht einrichten wollen oder können. Das Stück „Merlin oder Das wüste Land" (1981) stellt mithilfe des Artusstoffs die Problematik von Utopien dar.
- **Botho Strauß** (*1944): Das Drama „Trilogie des Wiedersehens" (1976) zeigt die Oberflächlichkeit und Banalität zwischenmenschlicher Beziehungen. In Stücken wie „Groß und klein" (1978) und „Kalldewey, Farce" (1981) kritisiert er die westdeutsche Kulturelite und ihre Selbstinszenierung.
- **Franz Xaver Kroetz** (*1946): Kritische Volksstücke wie „Oberösterreich" (1972) oder „Bauern sterben" (1985) setzen auf Schockwirkung und zeigen die ausweglose Realität der „kleinen Leute".

3

Lyrik

Die Lyrik weist thematisch bzw. stilistisch drei Tendenzen auf:

- Zeit- und Gesellschaftskritik,
  Beispiele: Peter Rühmkorf, „Haltbar bis Ende 1999" (1979); F. C. Delius, „Die unsichtbaren Blitze" (1981)
- Fortschrittskritik und Geschichtsskepsis,
  Beispiele: Hans Magnus Enzensberger, „Mausoleum" (1975), „Die Furie des Verschwindens" (1980)
- Sprachexperimente.
  Beispiele: Helmut Heißenbüttel, „Textbücher" (1960ff.) und „Projekte" (1970–1980)

Prosa

Unter dem Einfluss der Postmoderne kommt es zur **„Rückkehr der Erzähler"**, d. h. zur Wiederbelebung des auf Spannung bedachten Erzählens. Es entstehen erzählerisch raffinierte oder experimentierende Romane, die sich der Vielfalt der verfügbaren Gestaltungsmittel bedienen.

Allen gemeinsam sind folgende **stilistische Merkmale:**
- geschlossener Erzählaufbau,
- nachvollziehbare Handlung und Sprache,
- Rückgriff auf historische, volkstümliche und mythologische Stoffe.

Zentrale Ideen der postmodernen Prosa sind:
- das „menschliche Maß",
- die Kritik an der Beherrschung des Menschen und seiner Umwelt durch die Technik,
- die Auslieferung des Einzelnen an abstrakte Mächte.

Als wichtige **Vertreter und Werke** gelten:
- **Patrick Süskind** (*1949): Der Roman „Das Parfüm" (1985) ist historischer Kriminalroman, Gesellschaftsparabel bzw. Kulturgeschichte des 18. Jahrhunderts.
- **Sten Nadolny** (*1942): Der Roman „Entdeckung der Langsamkeit" (1983) erzählt die Lebensgeschichte des englischen Seefahrers John Franklin und wird zu einer Studie über die Zeit und die Langsamkeit als Lebensprinzip.
- **Christoph Ransmayr** (*1954): Der Roman „Die letzte Welt" (1988) über den Dichter Ovid verknüpft Fakten, Überlieferungen und Fiktion zu einer symbolträchtigen, vielschichtigen Handlung.

Deutschsprachige Autoren und Werke 1950–1990

Friedrich Dürrenmatt (*1921, †1990)

Auf die komplexer werdende Wirklichkeit in der zweiten Hälfte des 20. Jh. reagierte Dürrenmatt mit der These, dass die Welt **sinnlos** und **rätselhaft** ist und vom **Zufall** beherrscht wird. Daher ist jeder Versuch, die Wirklichkeit zu gestalten, **absurd** und zum Scheitern verurteilt.

Der Zufall als Handlungselement wird etabliert durch:

- die **langsame Enthüllung zufälliger Personenkonstellationen,** bei der planvolles Handeln der Protagonisten ins Absurde geführt wird

  Beispiele: „Romulus der Große“ (1949), „Die Physiker“ (1962)
- den **Einbruch des Zufalls** in die Welt, der über Erfolg oder Scheitern entscheidet.

  Beispiele: „Der Richter und sein Henker“ (1952), „Das Versprechen“ (1959), „Besuch der alten Dame“ (1956)

Max Frisch (*1911, †1991)

Charakteristisch für seine Schreibweise ist die Montagetechnik, der Gebrauch von Anglizismen und der Alltagssprache. Beherrschende Themen seiner Romane sind:

- das Auseinanderbrechen der **Identität** bzw. **Selbstentfremdung** und die Bemühungen des Einzelnen um **Selbstfindung.**

  Beispiele: „Homo faber“ (1957), „Stiller“ (1954)
- Seine Dramen stellen gleichnishaft ein verallgemeinertes System menschlichen Verhaltens dar **(„Lehrstücke ohne Lehre“).**

  Beispiel: In dem Stück „Andorra“ (1961) wird der Junge Andri zum Juden gemacht, obwohl er keiner ist, und an seine Mörder ausgeliefert.

Günter Grass (*1927)

Wiederkehrende Themen sind die autobiografisch geprägte deutsch-polnische Thematik, der Nationalsozialismus sowie die Judenverfolgung (↑ S. 103).

Beispiele: „Danziger Trilogie“: „Die Blechtrommel“ (1959), „Katz und Maus“ (1961), „Hundejahre“ (1963)

Die Dramen und Romane der 1960er-Jahre sind von Grass’ **politischem Engagement für die SPD** geprägt.

Beispiel: „Die Plebejer proben den Aufstand“ (1966)

Seit den 1970er-Jahren spielt **das Erzählerische** wieder eine größere Rolle:

- In dem Roman „Der Butt“ (1977) setzt sich Grass kulturgeschichtlich mit der Frauenemanzipation auseinander.
- Der Roman „Die Rättin“ (1986) ist eine zeitkritische Endzeitvision, in der die vom Menschen durch Neutronenbomben zerstörte Welt durch die solidarische Gemeinschaft der Ratten übernommen wird.

Thomas Bernhard (*1931, †1989)
Die Wiederholung als gedankliche und stilistische Figur ist ein Schlüssel zum gesamten Werk Thomas Bernhards. Die alle Romane und Theaterstücke bestimmenden Themen sind:

- die Begegnung des Einzelnen mit einer als bedrohlich, monoton und ausweglos empfundenen Welt und ein von Krankheit, Tod, Selbsttötung, Wahnsinn bestimmtes Leben.
  Beispiele: „Frost“ (1963), „Verstörung“ (1967)
- das Streben der Protagonisten nach einem Absoluten, das auf ein totales Scheitern hinausläuft.
  Beispiele: „Das Kalkwerk“ (1970), „Korrektur“ (1975)

In den Theaterstücken lassen die grotesken Figuren einen **verzweifelten Humor** entstehen.
Beispiele: „Der Ignorant und der Wahnsinnige“ (1972), „Die Macht der Gewohnheit“ (1974)

Die letzten Werke sind **Abrechnungen mit Österreich,** v. a. mit dem Kulturbetrieb und der nationalsozialistischen Vergangenheit.
Beispiel: „Heldenplatz“ (1988)

Peter Handke (*1942) (↑ S. 103)
In seinem gesamten Werk thematisiert Handke die Schwierigkeit des Einzelnen, die Außenwelt für sich erfahrbar zu machen.

- In den frühen Werken steht die **Sprachkritik** im Vordergrund.
  Beispiele: Das Stück „Publikumsbeschimpfung" (1966) zeigt eine Fülle aggressiver Sprachprovokationen, in der Erzählung „Die Angst des Tormanns beim Elfmeter" (1970) scheitert die Hauptfigur daran, mit der zur Verfügung stehenden Sprache die Wirklichkeit zu erfassen.
- Die Texte der 1970er-Jahre fordern ein **neues Sehen** und eine Existenz, die unvergleichlich ist und keine Vorläufer hat.
  Beispiel: „Die linkshändige Frau" (1976)
- Eine **subjektive Weltsicht,** in der die Innen- die Außenwelt bestimmt, prägt die Erzählung „Langsame Heimkehr" (1979).

3.18 Literatur nach 1990

Nach dem Zusammenbruch der Sowjetunion und des Ostblocks sowie nach der Vereinigung der beiden deutschen Staaten 1990 ergaben sich neue Themen für die Literatur. Neben der Situation in Deutschland nach der Wende und den aus der Vereinigung sich stellenden Ost-West-Problemen wurden u. a. folgende Themenkreise relevant:

- Arbeitslosigkeit,
- Fremdenfeindlichkeit und Rassismus,
- rascher gesellschaftlicher Wandel und moderne Medien,
- Naturzerstörung.

Die deutsche Einheit in der deutschen Literatur

Themen

Vor allem für die **Autoren der früheren DDR** wurden mit der „Wende" folgende Themen relevant:

- die radikalen Veränderungen des Alltags,

- der Verlust der sozialistischen Utopien,
- psychische Verletzungen in der Zeit der DDR,
- das Verhältnis zur Staatssicherheit und neu gewonnene Freiheiten.

Werke und Autoren

- **Christoph Hein** (*1944): Das Stück **„Randow"** (UA 1994) bringt den Verlust von Utopien und Visionen auf die Bühne.
- **Wolfgang Hilbig** (*1941): Sein Roman **„Ich"** (1993) thematisiert die Doppelidentität eines Schriftstellers und Stasispitzels.
- **Thomas Brussig** (*1965): Der Roman **„Helden wie wir"** (1996) erzählt humoristisch-satirisch die Geschichte des „Helden" Klaus Ultzscht, der mit seinem erigierten Penis die Berliner Mauer umgestürzt haben will.
- **Ingo Schulze** (*1962): **„Simple Storys. Ein Roman aus der ostdeutschen Provinz"** (1998) erzählt unspektakuläre Episoden aus der Zeit nach der Wende, bei denen v. a. der Zusammenstoß von ostdeutschen Befindlichkeiten und westlichem Lebensstil im Mittelpunkt steht.
- **Uwe Timm** (*1940): Der Roman **„Johannisnacht"** (1996) erzählt ironisch-hintersinnig über die Stadt Berlin nach dem Fall der Mauer.
- **Durs Grünbein** (*1962): Die Gedichtsammlungen **„Grauzone morgens"** (1988) und **„Schädelbasislektion"** (1991) blicken nüchtern-ironisch auf die DDR-Vergangenheit.
- **Günter Grass** (↑ S. 99 f.): In dem Roman **„Ein weites Feld"** (1995) kritisiert er den Modus der Wiedervereinigung als Ausverkauf und die Zerstörung ostdeutscher Lebensgefühle.

Pluralisierung der Literatur

Neben dem Themenkomplex von deutscher Einheit und Nachwendezeit prägt die deutschsprachige Literatur seit 1990 eine große stilistische und thematische Vielfalt. Besonders eine jüngere Autorengeneration stellt die eigenen biografischen oder zeitgeschichtlichen Erfahrungen in den Mittelpunkt.

Autoren und Werke

- **Peter Handke** (↑ S. 100): Seine proserbische Haltung in den Schriften zu den Balkankriegen in den 1990er-Jahren, etwa in dem **Stück „Die Fahrt im Einbaum oder Das Stück zum Film vom Krieg“** (1999), brachte ihm heftige Kritik ein.
- **Robert Schneider** (*1961): Der Roman **„Schlafes Bruder“** (1992) erzählt die Geschichte eines musikalischen Genies innerhalb der engen Welt eines Vorarlberger Dorfes im 19. Jh.
- **Peter Stamm** (*1964): In dem Roman **„Agnes“** (1998), einer Liebesgeschichte zwischen einem Schweizer Journalisten und einer amerikanischen Studentin verschwimmen die Grenzen zwischen Realität und Fiktion.
- **Hanns-Josef Ortheil** (*1951): Das Tagebuch **„Blauer Weg“** (1996) vermittelt ein komplexes Bild der deutschen Gegenwart; der Roman **„Ein große Liebe“** (2005) zeichnet sensibel eine Liebesgeschichte.

Aber auch Zweiter Weltkrieg und Nachkriegszeit werden thematisiert:

- **Marcel Beyer** (*1965): In dem dokumentarisch und fiktional geschriebenen Roman **„Flughunde“** (1995) wird die nationalsozialistische Vergangenheit aus Sicht der Enkelgeneration betrachtet.
- **Bernhard Schlink** (*1944): Der Roman **„Der Vorleser“** (1995) erzählt die Liebesgeschichte zwischen einem 15-jährigen Schüler und einer ehemaligen KZ-Wärterin.
- **Uwe Timm** (*1940): In der Novelle **„Die Entdeckung der Currywurst“** (1993) verschweigt Lena Brücker ihrem Geliebten das Ende des Kriegs, um ihn nicht zu verlieren.

- **Günter Grass:** Der Roman **„Im Krebsgang“** (2002) erzählt von dem Untergang des Flüchtlingsschiffs „Wilhelm Gustloff“, das 1945 mit etwa 9000 Menschen unterging.

Eine weitere Tendenz zeigt sich im **Fortbestehen der Neuen Subjektivität,** die oft autobiografisch ausgerichtet ist.
Beispiele: Günter Grass' „Mein Jahrhundert“ (1999); Stefan Heym, „Immer sind die Weiber weg“ (1997)

Popliteratur

Die an die Pop-Art angelehnte Literaturform entstand in den **1960er-Jahren** und wandte sich gegen die etablierte Gesellschaft und Literatur, v. a. die kommerzielle Unterhaltungsliteratur.
Bekannte Autoren und Werke sind Wolfgang Bauer, Rolf Dieter Brinkmann („Westwärts 1&2“, 1975), Hubert Fichte, Elfriede Jelinek, Wolf Wondratschek („Chuck's Zimmer“, 1974).
Die **Popliteratur der 1990er-Jahre** thematisiert statt politischem Aufbegehren und Provokation:

- die Selbstdarstellung der Autoren,
- eine von Medien, Werbung, Konsum bestimmte Wirklichkeit,
- den Versuch, Effekte der Technokultur wie Rhythmus und Geschwindigkeit auf die Literatur zu übertragen.

Bekannte Autoren und Werke sind u. a. Christian Kracht, „Faserland“ (1995); Benjamin von Stuckrad-Barre, „Livealbum“ (1999), Andreas Neumeister, „Gut laut“ (1998).

Migrantenliteratur

Die Literatur ausländischer, nach Deutschland eingewanderter Autoren in deutscher Sprache entwickelte sich seit den 1970er-Jahren (Gastarbeiterliteratur) und behandelt folgende Themen:

- Verlust der Heimat und Entfremdung, Kulturschock,
- Diskriminierung und Kommunikationsschwierigkeiten,

- die besonderen Lebensbedingungen von Frauen.

Bekannte **Autoren** sind u. a. Renan Demirkan, Rafik Schami, György Dalos und Emine Sevgi Özdamar.

3.19 Literatur seit der Jahrtausendwende

Die Literatur um und nach der Jahrtausendwende ist geprägt von einer neuen Lust am Erzählen. Es findet ein Generationswechsel statt und junge, bislang unbekannte Autoren treten in den Vordergrund.

Autoren und Werke

- **Julia Franck** (*1970): Der Roman **„Die Mittagsfrau"** (2007) erzählt die Lebensgeschichte der Helene Würsich, die – zu Beginn des 20. Jahrhunderts geboren – das Berlin der 20er-Jahre erlebt und schließlich in den Nachkriegswirren ihren Sohn allein auf einem Bahnhof zurücklässt.
- **Juli Zeh** (*1974): Der Roman **„Adler und Engel"** (2001) beschreibt die Geschichte von Jessie, Tochter eines Drogenbosses, und Max, eines Karrierejuristen, der erkennen muss, dass auch er in die Geschäfte der Mafia verwickelt ist.
- **Daniel Kehlmann** (*1975): In dem Roman **„Die Vermessung der Welt"** (2005) wird die Erforschung der Welt durch den Mathematiker Carl Friedrich Gauß und den Forschungsreisenden Alexander von Humboldt in einer Mischung aus Fiktion und Fakten vorgestellt. In dem Roman **„Ruhm. Ein Roman in neun Geschichten"** (2009) setzt sich aus neun Episoden erst nach und nach ein Gesamtbild zusammen. Die Grenzen zwischen Realität und Fiktion sind dabei fließend.

Stoffe und Motive sind die elementaren Bestandteile von Handlungen literarischer Werke. Häufig greifen Autoren auf bereits vorgeprägte Stoffe und Motive zurück, sodass diese sich im Lauf der Zeit verändern.

Unterscheidung von Stoff und Motiv

Stoff	Motiv
■ aus der Dichtung herauslösbarer Handlungskern, der meist der Geschichte, dem Mythos oder der Religion entstammt	■ grundlegende menschliche Situationen oder Typen, die schematisiert beschrieben werden können und aufgrund persönlicher Erfahrung erlebbar sind
Geschichte: Hamlet, Maria Stuart *griechischer Mythos:* Antigone, Prometheus *Religion:* David und Goliath, Hiob	*Situationsmotive:* Vater-Sohn-Konflikt, Mann zwischen zwei Frauen, Doppelgänger *Typenmotive:* Einzelgänger, Intrigant
■ feststehende Namen und Ereignisse ■ besteht aus mehreren Motiven	■ anonyme Personen ■ kann Bestandteil mehrerer Stoffe sein
Motive des Hamlet-Stoffs: Blutrache, Brudermord, Inzest, vorausdeutender Traum	*Stoffe mit Inzestmotiv:* Gregorius, Hamlet, Ödipus

Die Veränderung von Stoffen und Motiven im Lauf der Geschichte ist von verschiedenen Faktoren abhängig:
- geschichtliche Situation,
- politische Situation,
- Weltanschauung, philosophische Strömung,
- Umwandlung in eine andere Gattung.

Sophokles, „Antigone“ (442 v. Chr.)

Konflikt: göttliches – menschliches Gebot
Antigone handelt aus Hingabe an göttliches Gebot und Humanität („Nicht mitzuhassen, mitzulieben ist mein Teil“). Der Tyran Kreon handelt nach eigenem Gesetz.

Walter Hasenclever, „Antigone“ (1917)

Zeitgeschichtlicher Bezug: Protest gegen Krieg und soziale Ungerechtigkeit als Folge des Ersten Weltkriegs
Expressionistisches Ende: nach der Katastrophe Vision einer „neuen Welt“ des Friedens und der Menschlichkeit

Jean Anouilh, „Antigone“ (1946)

Konflikt: Verneinung – Bejahung des Lebens
Einfluss des Existenzialismus:

- Antigones Handeln ist nicht an höhere Ideale oder göttliches Gesetz gebunden. („Für niemand, für mich.“)
- Kreon: „Kleines Glück“ verringert die Absurdität des Lebens.

Bertolt Brecht, „Die Antigone des Sophokles“ (1948)

Parallelen zu Drittem Reich und 2. Weltkrieg

- Begrifflichkeit: „Führer“, „Säuberungen“, „totaler Krieg“
- Kreon (Hitler) ist Angreifer von Argos, nicht Verteidiger von Theben. Er führt Krieg um fremde Rohstoffquellen und um von innenpolitischen Spannungen abzulenken.

Rolf Hochhuth, „Die Berliner Antigone“ (1964)

Wechsel zur Gattung Novelle: innere Vorgänge Annes stehen im Mittelpunkt
Zeitgeschichtlicher Bezug:

- Zeit und Ort der Handlung: 1943 in Berlin
- statt Konflikt zwischen Anne (Antigone) und Hitler (Kreon) Übermacht des Systems – Ohnmacht der Heldin

4 Literarische Gattungen

Wichtige Begriffe

Gattung	
Die Literaturwissenschaft bezeichnet mit dem Begriff seit dem 18. Jh. die **drei Grundformen** der Literatur.	Lyrik, Epik, Dramatik
In neuerer Zeit umfasst ein erweiterter Begriff von Literatur auch sog. **Gebrauchstexte** oder **Mischformen** als Gattung.	*Gebrauchstexte:* Gerichtsrede *Mischformen:* Comic
Darüber hinaus werden mit dem Begriff auch die besonderen Ausprägungen der drei Grundformen bezeichnet.	*Gattungsformen der Epik:* Kurzgeschichte, Fabel, Novelle, Roman u. a.

Textsorte	
Der Begriff bezeichnet verschiedene Arten von Texten, die nach ihrer Funktion unterschieden werden.	Gebrauchsanweisungen, Lexikoneinträge, Liebesbriefe
Jede Textsorte weist spezifische Eigenschaften auf und unterscheidet sich dadurch von anderen Textsorten.	*Unterschiede in:* Stil, Aufbau, Wortwahl

4.1 Lyrik

Ursprung

Der Begriff geht auf **antike griechische Gesänge** zurück, die zur Leier (Lyra) vorgetragen wurden. Seit dem 18. Jh. gilt die Lyrik als eine der drei literarischen Grundgattungen. Sie ist v. a. durch die Elemente Rhythmus, Vers und Metrum, teilweise durch Reim und Strophe gekennzeichnet.

Autor und lyrisches Ich

Das dichterische Subjekt in lyrischen Gedichten, das sich in der ersten Person („ich") nennt, kann mit dem Autor identisch sein, muss aber nicht.

Lyrikarten nach inhaltlichen Gesichtspunkten

Gedichte lassen sich nach ihrem thematischen Schwerpunkt unterscheiden:

- **Erlebnislyrik:** Sie verarbeitet persönliche, subjektive, reale, irreale oder traumhafte Erlebnisse.
  Beispiel: Johann Wolfgang von Goethe, „Willkommen und Abschied" (1775)
- **Liebeslyrik:** Sie behandelt die Liebe als eines der menschlichen Grunderlebnisse in seinen gefühlhaften und seelisch-geistigen Aspekten.
  Beispiele: Goethe, „Kleine Blumen" (1775); Karoline von Günderode, „Der Kuss im Traum" (1802); Ulla Hahn, „Winterlied" (1981)
- **Naturlyrik:** In ihr spielt die Natur eine bestimmende Rolle. Zentrale Motive sind Naturgegenstände oder Stimmungen, die durch das Erlebnis der Natur entstanden sind.

Beispiele: Goethe, „Maifest“ (1775); Joseph von Eichendorff, „Mondnacht“ (1835); Theodor Storm, „Meeresstrand“ (1853); Eduard Mörike, „Er ist's“ (1829)

- **Gedankenlyrik** (Ideenlyrik, philosophische Lyrik): Sie gestaltet weltanschauliche und philosophische Themen.
  Beispiele: Goethe, „Metamorphose der Pflanze“ (1798), „Das Göttliche“ (1785); Friedrich Schiller, „Die Götter Griechenlands“ (1788), „Das Ideal und das Leben“ (1795)
- **Politische Lyrik:** Sie thematisiert politische Ideen, Themen oder Ereignisse mit dem Ziel, auf Meinungsbildung und Vorgänge in Staat und Gesellschaft einzuwirken.
  Beispiele: Heinrich Heine, „Die schlesischen Weber“(1844); Georg Weerth, „Das Hungerlied“ (1844); Bertolt Brecht, „Fragen eines lesenden Arbeiters“ (1936)
- **Großstadtlyrik:** Sie thematisiert die – meist negativen – Erfahrungen des Menschen in der modernen Großstadt.
  Beispiele: Georg Heym, „Der Gott der Stadt“ (1910), „Die Dämonen der Städte“ (1911); Oskar Loerke, „Blauer Abend in Berlin“ (1911); Alfred Wolfenstein, „Städter“ (1919)
- **Alltagslyrik:** Sie verarbeitet Erfahrungssplitter und persönliche Impressionen.
  Beispiele: Friederike Mayröcker, „Der Aufruf“ (1974); Ulla Hahn, „Ich bin die Frau“ (1983)
- **Konkrete Poesie:** Sie gestaltet durch visuelle oder akustische Experimente mit dem konkreten sprachlichen Material (Buchstaben, Silben, Wörter) eine Aussage, wobei die Satzbaulehre und die Funktion der Wörter als Bedeutungsträger keine Rolle spielen (↑ S. 87 f.).
  Beispiele: Reinhard Döhl, „Apfel“ (1965); Gerhard Rühm, „licht“ (1970); Ernst Jandl, „lauter“ (1966)
- **Dinggedicht:** Es stellt einen sinnlich-fassbaren Gegenstand sachlich-distanziert dar.
  Beispiele: Mörike, „Auf eine Lampe“ (1846); Rainer Maria Rilke, „Der Panther“ (1903)

Rhythmische Gestaltung

Vers und Strophe

Ein **Vers** besteht aus einer Reihe von Wörtern, die einem sprachlichen Rhythmus folgt, durch eine Binnenstruktur gekennzeichnet und durch das Zeilenende abgeschlossen ist.
Eine **Strophe** ist die Zusammenfassung von Versen oder Langzeilen zu einer metrischen Einheit. Die Verbindung mehrerer Verse zu einer Strophe erfolgt häufig durch den Reim. In einem strophisch gegliederten Gedicht stellen die Strophen vielfach eine Sinneinheit dar.

Zwei Segel erhellend
Die tiefblaue Bucht!
Zwei Segel sich schwellend
Zu ruhiger Flucht!

Wie eins in den Winden
Sich wölbt und bewegt,
Wird auch das Empfinden
Des andern erregt.
(Conrad Ferdinand Meyer, „Zwei Segel")

Ein **Strophensprung** liegt vor, wenn die syntaktische Gliederung die Strophengrenze überspringt, d. h., der Satz reicht über das Strophenende in die folgende Strophe hinein.

Zwei Becken, eins das andre übersteigend
aus einem alten runden Marmorrand,
und aus dem oberen Wasser leis sich neigend
zum Wasser, welches unten wartend stand,

dem leise redenden entgegenschweigend [...]
(Rilke, „Römische Fontäne")

Zeilenstil liegt vor, wenn das Ende einer syntaktischen Einheit mit dem Ende eines Verses zusammenfällt.

4

Es ist schon spät, es wird schon kalt,
Was reit'st du einsam durch den Wald?
(Eichendorff, „Waldgespräch")

Enjambement (Zeilensprung) liegt vor, wenn Satz- und Versende nicht zusammenfallen, sondern der Satz auf den nächsten Vers übergreift.

Es singen und klingen die Wellen
Des Frühlings wohl über mir; [...]
(Eichendorff, „Die zwei Gesellen")

Metrum

Das Metrum oder Versmaß ist die regelmäßige Abfolge von Hebungen (betonten Silben) und Senkungen (unbetonten Silben) in einem Vers. Je nach Anzahl der Hebungen (x́) unterscheidet man:

- zweihebiges Metrum: x́ x x́ x oder x́ x x x́ x x
- dreihebiges Metrum: x x́ x x́ x x́ x oder x́ x x x́ x x x́ x x

Der **Versfuß** ist die kleinste Einheit des Metrums. Er besteht aus einer festgelegten Anzahl und bestimmten Reihenfolge von betonten und unbetonten Silben.

Versfüße		
Name	**Schema**	**Beispiel**
Jambus	x x́	Es schlug mein Herz, geschwind zu Pferde (Goethe, „Willkommen und Abschied")
Trochäus	x́ x	Freude, schöner Götterfunken (Schiller, „An die Freude")
Daktylus	x́ x x	Ännchen von Tharau ist's, die mir gefällt (unbekannt)
Anapäst	x x x́	Wie mein Glück, ist mein Lied (Friedrich Hölderlin, „Die Kürze")

Der **Auftakt** ist eine aus der musikalischen Fachsprache in die Metrik übernommene Bezeichnung für eine oder mehrere unbetonte Silben, die vor der ersten Hebung eines Verses liegen.

Der Mond ist aufgegangen
(Matthias Claudius, „Abendlied")

Die **Zäsur** bezeichnet einen Einschnitt innerhalb des Verses, der beim Vortrag eine kleine Sprechpause erfordert.

Du siehst, wohin du siehst, || nur Eitelkeit auf Erden.
(Andreas Gryphius, „Es ist alles eitel")

Folgende **Versmaße** kommen in der deutschsprachigen Dichtung häufig vor:

- **Blankvers:** ein reimloser, aus Jamben zusammengefügter Vers mit in der Regel fünf Hebungen. Er wird häufig im deutschen Drama verwendet.
  Schema: x x́ x x́ x x́ x x́ x x́ (x)

  Der Alte hat dem Kaiser mich verraten.
  (Schiller, „Wallensteins Tod")

- **Alexandriner:** ein aus Jamben zusammengesetzter Reimvers mit sechs Hebungen und einer Zäsur in der Mitte nach der dritten Hebung. Durch die Zäsur eignet er sich besonders zur Darstellung von Antithese oder Parallelität.
  Schema: x x́ x x́ x x́ || x x́ x x́ x x́ (x)

  Das Leben, so ich führ, ist wie der wahre Tod
  (Georg Rudolf Weckherlin, „Die Lieb ist Leben und Tod")

- **Hexameter:** ein aus sechs Daktylen bestehender Vers, der mehrere Zäsuren haben kann. Die wichtigsten Zäsuren treten nach der dritten oder vierten Hebung auf. Er ist der

Grundvers des antiken Epos und wird auch in deutschen Versepen verwendet.
Schema: x́ x x x́ x x x́ x x x́ x x x́ x x x́ x

Jeder der armen Verbrecher, der peinlich zum Tode geführt wird.
[…]
(Goethe, „Hermann und Dorothea")

- **Pentameter:** Trotz seines Namens (griech. penta „fünf") besteht der Pentameter aus sechs Daktylen. Wesentliches Kennzeichen ist die unveränderliche Zäsur nach der dritten Hebung.
Schema: x́ x x x́ x x x́ || x́ x x x́ x x x́

Sei mir, Sonne, gegrüßt,
die ihn so lieblich bescheint.
(Schiller, „Der Spaziergang")

- **Distichon:** ein Doppelvers, der aus einem Hexameter und einem Pentameter besteht. Diese verbinden sich zu einer zweizeiligen Strophe, entweder als lyrische Texteinheit (Epigramm) oder fortlaufend in einem Gedicht (Elegie, ↑ S. 119).

Ím Hexámeter stéigt des Spríngquells flüssige Sáule.
Ím Pentámeter dráuf fállt sie melódisch heráb.
(Schiller, „Das Distichon")

- **freie Rhythmen:** reimlose Verse ohne Versmaß und festgelegte Zeilenlänge. Sie eigenen sich besonders, um Empfindungen auszudrücken.

Dumpf liegt auf dem Meer das Gewitter,
Und durch die schwarze Wolkenwand
Zuckt der zackige Wetterstrahl,
Rasch aufleuchtend und rasch verschwindend,
Wie ein Witz aus dem Haupte Kronions.
(Heine, „Gewitter")

Rhythmus

In der Dichtung werden Sprachrhythmus und Versrhythmus unterschieden:

- Der **Sprachrhythmus** entsteht durch den bei der sprachlichen Realisierung auftretenden Wechsel von betonten und unbetonten Silben und die Setzung von notwendigen Sinnakzenten oder natürlichen Sprechpausen.
- Der **Versrhythmus** entsteht durch die Spannung zwischen der sprachlichen Realisierung und dem Versschema, also der Spannung zwischen Hebung und Senkung, Versfuß, Vers, Strophe einerseits und betonten und unbetonten, langen und kurzen Silben, Stimmpausen, Satz, Satzgefüge andererseits.

Klangliche Gestaltung

Reim

Der **Reim** ist der Gleichklang zweier oder mehrerer Silben vom letzten betonten Vokal an.

Je nach der lautlichen Qualität werden unterschieden:

- **Reiner Reim** (Vollreim): vollständige lautliche Übereinstimmung zweier Wörter in Vokalen und Konsonanten vom letzten betonten Vokal an.

  Beispiele: mein – dein, sagen – klagen
- **Unreiner Reim** (ungenauer Reim, Halbreim): eine Reimverbindung mit annähernder Gleichheit der Konsonanten und besonders der Vokale.

  Beispiele: Haus – schaust, fließen – grüßen, wild – brüllt
- **Assonanz:** lautliche Übereinstimmung lediglich der Vokale der Reimsilben.

  Beispiel: Jubel – gesunken
- **Identischer Reim:** Reim auf dasselbe Wort.

  Beispiel: Kater – Kater

- **Rührender Reim:** Reim zwischen gleich lautenden, aber bedeutungsverschiedenen Wörtern.
  Beispiele: Wirt – wird, Häute – heute
- **Doppelreim:** drei- oder viersilbiger Endreim, bei dem auch die vorletzte Hebung reimt.
  Beispiel: bitter sein – Ritter sein
- **Gespaltener Reim:** Einer der Reime besteht aus zwei Wörtern.
  Beispiel: licht war – sichtbar (Hermann Hesse, „Im Nebel“)
- **Gebrochener Reim:** Nur die erste Hälfte eines Wortes ist Reimwort, während die zweite Hälfte den Anfang der nächstenZeile bildet.

  Hans Sachs war ein Schuh-
  macher und Poet dazu.

- **Stabreim (Alliteration):** Zwei oder mehrere aufeinanderfolgende Wörter beginnen mit demselben Anlaut.
  Beispiele: Kind und Kegel, Wald und Wiese, Mann und Maus

Am **Versanfang** oder im **Versinneren** unterscheidet man u. a.:
- **Binnenreim:** Reim innerhalb eines Verses.
  Beispiel: „Sie blüht und glüht und leuchtet“ (Heinrich Heine, „Die Lotosblume“)
- **Innenreim:** Gleichlaut eines Wortes im Versinneren mit dem Reimwort am Ende der Verszeile.
  Beispiel: „Dass keine Hand die andre fand“ (Hugo von Hofmannsthal, „Die Beiden“)
- **Mittenreim:** Reim des Versendes mit einem Wort im Innern der folgenden oder vorangehenden Zeile.

  Leg deinen Schatten auf die Sonnenuhren,
  Und auf den Fluren laß die Winde los.
  (Rilke, „Herbsttag“)

Das **Reimschema** ist die schematische Darstellung der Reimfolge einer Strophe oder eines Gedichtes. Die Reime werden mit Kleinbuchstaben bezeichnet, wobei gleiche Buchstaben für sich entsprechende Reime stehen.
Je nach der Stellung der sich reimenden Verse unterscheidet man am Versende folgende Reimschemata:

Reimschemata

Name	Schema	Beispiel
Paarreim	aabb	*Wer reitet so spät durch Nacht und Wind?* *Es ist der Vater mit seinem Kind;* *Er hat den Knaben wohl in dem Arm,* *Er fasst ihn sicher, er hält ihn warm.* (Goethe, „Erlkönig")
Kreuzreim (Wechselreim)	abab	*Schläft ein Lied in allen Dingen* *Die da träumen fort und fort,* *Und die Welt hebt an zu singen,* *Triffst du nur das Zauberwort.* (Joseph von Eichendorff, „Wünschelrute")
Reimhäufung (Haufenreim)	aaaabbbb	*Augen, meine lieben Fensterlein,* *Gebt mir schon so lange holden Schein,* *Lasst freundlich Bild um Bild herein,* *Einmal werdet ihr verdunkelt sein.* (Gottfried Keller, „Abendlied")
Umarmender (umschließender) Reim	abba	*Sie trampeln um den Hof in engem Kreis.* *Ihr Blick schweift hin und her im kahlen Raum.* *Er sucht nach einem Feld, nach einem Baum,* *Und prallt zurück von kahler Mauern weiß.* (Georg Heym, „Die Gefangenen")
Schweifreim	aabccb	*Die linden Lüfte sind erwacht,* *Sie säuseln und weben Tag und Nacht,* *Sie schaffen an allen Enden.* *O frischer Duft, o neuer Klang!* *Nun, armes Herze, sei nicht bang!* *Nun muß sich alles wenden.* (Ludwig Uhland, „Frühlingsglaube")

Als **Waise** (x) bezeichnet man einen ungereimten Vers in einem sonst gereimten Gedicht. Dieser Vers wird dadurch auch inhaltlich besonders hervorgehoben.

Frühling lässt sein blaues Band
Wieder flattern durch die Lüfte:
Süße, wohlbekannte Düfte
Streifen ahnungsvoll das Land.
Veilchen träumen schon,
Wollen bald kommen
– horch, von fern ein leiser Harfenton!
Frühling, ja du bist's!
Dich hab ich vernommen.
(Eduard Mörike, „Er ist's“)

Kadenz

Die Kadenz ist die metrische Form des Versschlusses. Man unterscheidet:

- **Männliche (stumpfe) Kadenz:** Der Vers schließt einsilbig mit einer Hebung.

  Edel sei der Mensch,
  Hilfreich und gut!
  (Goethe, „Das Göttliche“)

- **Weibliche (klingende) Kadenz:** Der Vers endet mit einer zweisilbigen Folge von Hebung und Senkung.

  Hat der alte Hexenmeister
  Sich doch einmal wegbegeben!
  (Goethe, „Der Zauberlehrling“)

- **Dreisilbige klingende Kadenz:** Der letzten Hebung folgen zwei Senkungen.
  Beispiele: Sterblichen – Verderblichen, Schallende – Wallende

Gattungsformen der Lyrik

Elegie

Bereits in der Antike haben sich zwei Definitionen ausgeprägt:

- **Formal:** Die Elegie ist ein Gedicht beliebigen Inhalts in der Form des Distichons (↑ S. 114).
- **Inhaltlich:** Die Elegie ist ein Gedicht im Ton verhaltener Klage und wehmütiger Resignation.

In der **deutschen Literatur** ist die Elegie seit dem Barock ein Gedicht, das allgemein Trauer, Schwermut und Sehnsucht ausdrückt:

- **Schiller** und **Goethe** geben mit dem Elegischen v. a. die Trauer über den Widerspruch von Ideal und Wirklichkeit wieder (↑ S. 47 f.). Die Form des Distichons wird dabei nicht immer verwendet.

  Beispiele: Goethe, „Römische Elegien" (1795), „Marienbader Elegie" (1823); Schiller, „Die Ideale" (1795), „Das Ideal und das Leben" (1795), „Nänie" (1800)
- **Hölderlin** thematisiert in seinen Elegien die Klage über die Götterferne in der Gegenwart.

  Beispiele: „Der Wanderer", „Brot und Wein" (beide um 1800/01)
- **Rilke** führt im 20. Jh. den elegischen Ton in den „Duineser Elegien" (1923) fort.

Ode

In der Antike wurde als Ode eine strophische, meist von Musik begleitete Dichtung bezeichnet. Später wurde der Begriff zu einer Gattungsbezeichnung verengt. **Formal** ist die Ode durch einen strengen Aufbau gekennzeichnet:

- strophische Gliederung,
- feste Strophenformen mit unterschiedlichen metrischen Schemata (**Odenmaße**),
- Reimlosigkeit.

Die **Inhalte** der in feierlichem und ernstem Ton gehaltenen Ode stammen v. a. aus zwei Themenbereichen:

- Privates (Freundschaft, Liebe, Trauer, Naturpreis)
- Gesellschaft (Staat, Vaterland, Fürstenlob, Religion, Moral, Lebensweisheit)

In der deutschen Literatur wurde die Odenform seit dem Barock verwendet. Höhepunkte erreichte die deutsche Odendichtung bei:

- **Klopstock** (↑ S. 40): Sowohl in der Nachahmung der antiken Odenmaße als auch in freien Rhythmen erschien die Ode bei ihm als naturgegebene Ausdrucksform für Begeisterung und Gefühl.
  Beispiel: „Oden“ (1771)
- **Hölderlin:** Er verwendete die antiken Formen, um in einem hohen Stil sein mythisches Weltbild lyrisch zur Sprache zu bringen.
  Beispiel: „Hyperions Schicksalslied“ (1798)

Sonett

Das Sonett entstand im 14. Jh. in Italien (↑ S. 31). Der formale Aufbau folgt strengen Regeln:

- 14 Zeilen verteilen sich auf zwei Quartette (Vierzeiler) und zwei Terzette (Dreizeiler).
- Das Reimschema ist abba abba cdc dcd. Es kann jedoch auf vielfache Weise variieren.
- Meist wird ein jambisches Metrum (u. a. Alexandriner, ↑ S. 113) verwendet.

Die inhaltliche Struktur prägt meist ein **antithetischer Aufbau:**

- Die Quartette bauen Spannung auf, indem sie eine Behauptung oder Voraussetzung formulieren.
- Die Terzette lösen die Spannung, indem die den Beweis oder die Folgerung vorstellen.

In Deutschland wurde das Sonett besonders im Zeitalter des Barock, in der Romantik und um die Jahrhundertwende verwendet.

Beispiele: Andreas Gryphius, „Tränen des Vaterlandes“ (1636), „Es ist alles eitel“ (1637); Paul Fleming, „An sich“ (1641); Rilke, „Sonette an Orpheus“ (1923)

Volkslied

Der Begriff bezeichnet das Liedgut bestimmter regionaler oder sozialer Volksgemeinschaften, das folgende Kennzeichen aufweist:

- einfache Melodie, meist mit Refrain,
- nationalsprachliche Texte,
- formelhafte Wendungen,
- vorwiegend mündliche Überlieferung,
- kollektive Verbreitung, die mit Umformung (Umsingen, Zersingen) einhergeht.

4

Formale Grundlage ist die **Volksliedstrophe.** Sie besteht aus:

- vier Zeilen mit je drei oder vier Hebungen,
- meist Kreuzreim abab.

Häufig ist auch der Wechsel von Vier- und Dreihebern mit abwechselnd weiblicher und männlicher Kadenz (↑ S. 118).

Inhaltlich ist für viele Volkslieder der elementare Gefühlsausdruck kennzeichnend:

- einfaches Naturempfinden,
  Beispiele: Sehnsucht nach dem Frühling, Freude über den Sommer
- existenzielle menschliche Grunderfahrungen.
  Beispiele: Liebe, Schmerz, Freude, Tod

Kriterien zur Einteilung von Volksliedern

nach Stoff/Inhalt:	nach Liedträger:	nach Anlass:
■ geistliche/ weltliche Lieder	■ Kinderlieder	■ Geburtstagslieder
■ erzählende Lieder (Volksballaden)	■ Studentenlieder	■ Hochzeitslieder
■ Liebeslieder	■ Handwerkerlieder	■ Weihnachtslieder
■ Heimatlieder	■ Wanderlieder	

Die **Überlieferung** von Volksliedern begann im Spätmittelalter. Die Romantik brachte die heute widerlegte Auffassung von der anonym-kollektiven Produktion hervor und schätzte Volkslieder daher besonders. Das Volkslied wurde als ein lyrisches Grundmodell gesehen und nachgeahmt. Manche romantische Schöpfungen wurden auf diese Weise folklorisiert.
Beispiele: Wilhelm Müller, „Am Brunnen vor dem Tore" (1823); Matthias Claudius, „Der Mond ist aufgegangen" (1779)

4.2 Epik

Zur Epik gehört jede Art erzählender Dichtung in Prosa oder Versen (Versepos, ↑ S. 30, 127), in der ein zumeist fiktives Geschehen dargestellt wird.

Merkmale der Epik

▶ **Der Unterschied von Autor und Erzähler**

Bei jedem erzählerischen Werk muss zwischen dem Autor als dem Verfasser eines Textes und dem Erzähler als fiktiver Gestalt, die zwischen den dargestellten Vorgängen und dem Leser vermittelt, unterschieden werden.

Die **Zeitform** des Erzählens ist das epische Präteritum: Es bezeichnet keine reale, historische Vergangenheit, sondern lässt die als vergangen angenommenen Geschehnisse gegenwärtig erscheinen.

Erzählformen

Der Erzähler kann das Geschehen auf unterschiedliche Weise darstellen:

- Im **Erzählbericht** wird der Handlungsverlauf sachlich, präzise und in logisch folgerichtiger Darstellung präsentiert. Da der Erzählbericht auch nicht durch persönliche Stellungnahme durchbrochen wird, hat der Erzähler durch die Berichtform die Möglichkeit, zu straffen und so das Geschehen voranzutreiben.
- In der **Beschreibung** wird der Erzähler in die Lage gesetzt, Handlungsorte oder Charaktere zu beschreiben.
- Im **Kommentar** oder in der **Reflexion** äußert der Erzähler eigene Überlegungen und kann so in den Handlungsverlauf eingreifen.

Erzählhaltung

Die Erzählhaltung bezeichnet die Art, wie der Erzähler die Geschehnisse und Gestalten sieht, wie er über ihr Äußeres (Außenansicht) und ihr Inneres (Innenansicht) Auskunft gibt und über sie urteilt.

Beispiele: sympathische oder unsympathische Zeichnung einer Figur, ironische Darstellung einer Person

Die Erzählhaltung bestimmt die Erzählperspektive. Beide zusammen legen die Erzählsituation (↑ S. 124) fest.

Erzählperspektive

Der Erzähler kann in unterschiedlicher Weise zum Erzählten stehen. Grundsätzlich wird zwischen der **Ich-Form** und der **Er/Sie-Form** unterschieden.

Ich-Form
Der Ich-Erzähler ist Teil der Handlung.
Er scheint das Erzählte selbst erlebt oder aus erster Hand erfahren zu haben.

→ **auktorialer Ich-Erzähler**
Er organisiert als erinnerndes Ich im Rückblick das Geschehen.

→ **personaler Ich-Erzähler**
Er vermittelt unmittelbar das Geschehen. Erzählendes und erlebendes Ich sind eins.

Er/Sie-Form
Die handelnde, erlebende Figur und die erzählende Figur sind nicht identisch.

Erzählsituation

Die Erzählperspektive bezeichnet den Blickwinkel und den Standpunkt, von dem aus ein Geschehen dargestellt wird:

- **Auktoriale Erzählsituation:** Der Erzähler steht außerhalb der Handlung. Er ist allwissend und blickt aus der Distanz von außen auf die Figuren (**Außenperspektive**).
  Erzählweisen des auktorialen Erzählers sind Erzählbericht, Erzählerkommentar und indirekte Rede.
- **Personale Erzählsituation:** Der Erzähler fehlt als Vermittler zwischen Autor und Leser. Das Geschehen wird aus der Perspektive einer Romanfigur dargestellt und wirkt dadurch direkt und unmittelbar. Die äußere Wahrnehmung wird begrenzt, die innere jedoch erweitert, sodass die Gedanken- und Gefühlswelt dargestellt wird (**Innenperspektive**).
  Erzählweisen sind Personenrede (direkte Rede) und innerer Monolog.
- **Neutrale Erzählsituation:** Das Geschehen wird weder aus der Sicht einer Person erzählt noch gibt es einen kommentierenden Erzähler. Fakten und Vorgänge werden sachlich wiedergegeben.

Figurenrede

In epischen Texten kann Gesagtes oder Gedachtes unterschiedlich wiedergegeben werden.

- **Direkte Rede:** Sie gibt die Äußerungen einer Figur wörtlich wieder.
- **Indirekte Rede:** In ihr werden Äußerungen und Gedanken einer Figur referiert.
- **Innerer Monolog:** Er führt eine Figur im stummen, rein gedanklichen Gespräch mit sich selbst vor und zeigt somit ihren Bewusstseinszustand. Der innere Monolog steht im Präsens und in Ich-Form. Die lückenlose Darstellung der Gedanken bedingt, dass die Erzählzeit länger ist als die erzählte Zeit (↑ S. 126). Auch kann es zu einer Lockerung oder Auflösung der Syntax kommen.

  Beispiele: Alfred Döblin, „Berlin Alexanderplatz“ (1929); Thomas Mann, „Lotte in Weimar“ (1939)
- **Stream of Consciousness:** Die besondere Form des inneren Monologs gibt scheinbar unmittelbare und assoziative Bewusstseinsinhalte einer Romanfigur wieder.

  Beispiel: Monolog der Molly Bloom in James Joyce' „Ulysses“ (1904)
- **Erlebte Rede:** Sie gibt den Gedankengang einer Person wieder aus der Perspektive der Figur in der 3. Person im Indikativ (keine direkte oder indirekte Rede).

  Beispiel: Döblin, „Berlin Alexanderplatz“

Zeit

- **Erzählzeit:** Sie umfasst den Zeitraum, den der Erzähler benötigt, um seine Geschichte zu erzählen, bzw. die Zeit, die der Leser benötigt, um sie zu lesen.
- **Erzählte Zeit:** Sie bezeichnet den Zeitumfang einer erzählten Handlung.

  Beispiel: Die Handlung in Grass' Roman „Die Blechtrommel“ umfasst die Jahre 1899–1954.

Verhältnis von Erzählzeit zu erzählter Zeit

Zeitraffung	Zeitdehnung	Zeitdeckung
Erzählte Zeit ist länger als Erzählzeit. ▸ Ereignisse werden übersprungen.	Erzählzeit ist länger als erzählte Zeit. ▸ Stream of Consciousness, Beschreibungen, Reflexionen, Erörterung von Sachverhalten	Erzählzeit und erzählte Zeit sind annähernd gleich. ▸ direkte Rede, Dialog, erlebte Rede, innerer Monolog

Die **zeitliche Abfolge** von Geschehnissen kann unterschiedlich dargestellt werden:

- Beim **kontinuierlichen** oder **chronologischen Erzählen** werden die Geschehnisse in ihrer richtigen zeitlichen Abfolge dargestellt.
- Beim **diskontinuierlichen Erzählen** gibt es Zeitsprünge. Der Erzähler lässt die Chronologie der Ereignisse außer Acht und nimmt Ereignisse vorweg (**Vorausdeutung**) oder blickt auf Ereignisse zurück, die vor dem eigentlich Erzählten liegen (**Rückblende**).

Raum

Der Ort der Handlung kann innerhalb der Darstellung des Geschehens unterschiedliche Funktionen einnehmen:

- **Raum als Handlungsort:** Der Raum ist der konkrete Schauplatz, an dem das Geschehen stattfindet.
- **Raum als Gefühlsraum:** Die Figur hat zu dem Ort eine besondere emotionale Beziehung entwickelt.
  Beispiel: In Goethes Roman „Die Leiden des jungen Werthers" besteht eine besondere Beziehung zwischen Werthers Gefühlswelt und der Natur.
- **Raum als Symbol:** Ein Ort in der erzählten Welt gewinnt eine eigene Bedeutung.

Beispiel: In Franz Kafkas Erzählung „Die Verwandlung“ steht die Verwandlung des Zimmers in eine Höhle symbolisch für die psychische Veränderung des in einen Käfer verwandelten Gregor.

Gattungsformen der Epik

Kurzepik			Großepik
Novelle	Fabel	Sage	Roman
Erzählung	Märchen	Legende	Versepos
Kurzgeschichte	Anekdote		

Roman

Die epische Großform unterscheidet sich von den übrigen, kürzeren Formen v. a. durch folgende Merkmale:

- größerer Umfang,
- mehrsträngige und komplexe Handlung,
- zahlreiche Figurenensembles.

Im Gegensatz zu dem ebenfalls umfangreichen Versepos ist der Roman in Prosa abgefasst.

Der **Begriff** stammt von der im 12. Jh. entstandenen altfranzösischen „romanz“ ab und bedeutete zunächst alles Volkssprachliche, nicht in lateinischer Sprache Geschriebene. Ende des 13. Jh. verengte sich die Bedeutung auf die Erzählung in Vers und Prosa. Als eigenständige epische Form bildete sich der Roman seit Ende des 13. Jh. neben dem Versepos heraus und löste dieses allmählich ab.

Der Roman ist die variantenreichste literarische Form, weil er durch kein Regelwerk eingeschränkt ist (↑ S. 128 f.). Indem immer neue Techniken der Zeit- und Redegestaltung erprobt werden, ist der Roman imstande, der sich verändernden Wirklichkeit literarische Gestalt zu geben.

Die Gattung des Romans kennt zahlreiche, sich oft überschneidende Unterarten. Je nach Kriterium der Einteilung kann ein Roman auch mehreren Formen zugeordnet werden. Goethes „Die Leiden des jungen Werthers“ ist von der Form her ein Briefroman, von der Art der Darstellung her ein psychologischer Roman.

Kriterien zur Einteilung

Themen	Erzählverfahren	Zielsetzung	Rangabstufungen
■ Liebesroman ■ Erziehungsroman ■ Abenteuerroman	■ Briefroman ■ Tagebuchroman	■ politischer Roman ■ Erziehungs-, Bildungsroman	■ Trivialroman ■ Bestseller

Bildungsroman

Bezeichnung für einen im 18. Jh. neu entwickelten Romantypus, in dem der innere Reifungsprozess und die Fortentwicklung eines Menschen im Vordergrund stehen. Die Grenzen zum Entwicklungsroman sind fließend.

Goethe, „Wilhelm Meisters Lehrjahre“ (1795/96), „Wilhelm Meisters Wanderjahre“; Novalis, „Heinrich von Ofterdingen“ (posthum 1802)

Entwicklungsroman

Im Entwicklungsroman wird die innere und äußere Entwicklung eines meist jungen Menschen dargestellt. Die Reifung der Persönlichkeit vollzieht sich bis hin zu einem Stadium, das meist das persönliche Idealbild des Autors oder das seiner Epoche widerspiegelt.

Günter Grass, „Die Blechtrommel“ (1959)

Gesellschaftsroman

Romanform, die eine umfassende Darstellung einer gesellschaftlichen Situation einer Epoche und der sie bedingenden (politischen oder ökonomischen) Faktoren anhand einer fiktiven, oft vielsträngigen Handlung versucht.

Theodor Fontane, „Effie Briest“ (1895); Thomas Mann, „Die Buddenbrooks“ (1900)

Historischer Roman

Bezeichnung für ein umfang- und figurenreiches Erzählwerk, in dem geschichtliche Persönlichkeiten oder Ereignisse im Vordergrund stehen oder die Handlung sich vor historischem Hintergrund abspielt.

Stefan Zweig, „Marie Antoinette“ (1932); Lion Feuchtwanger, „Der falsche Nero“; Umberto Eco, „Der Name der Rose“ (1980)

Psychologischer Roman

Im psychologischen Roman, der sich ab der Mitte des 18. Jh. entwickelte, wird v. a. das „Innenleben“, die seelischen Regungen und Reaktionen der Figuren, dargestellt. Erzählformen zur verfeinerten Darstellung der Seelenvorgänge sind innerer Monolog und Stream of Consciousness (↑S.125).

Goethe, „Die Leiden des jungen Werthers“ (1774); Robert Musil, „Der Mann ohne Eigenschaften“ (1930–43)

Schelmenroman (pikaresker Roman)

Form des Abenteuerromans, in dessen Mittelpunkt der Schelm (Picaro) steht, der in Ich-Form seine Abenteuer aus der Perspektive des sozial Benachteiligten schildert.

Johann Jakob Christoffel von Grimmelshausen, „Der Abentheurliche Simplicissimus Teutsch“ (1669); Thomas Mann, „Bekenntnisse des Hochstaplers Felix Krull“ (1954)

Erzählung

Der Begriff bezeichnet narrative Texte von kürzerem bis mittlerem Umfang. Da der Begriff in seiner Bestimmung eher vage ist, kommt es häufig zu Überschneidungen mit den übrigen epischen Gattungen.

In Abgrenzung zu den anderen epischen Gattungen weist die Erzählung folgende **Merkmale** auf:

- Vom Roman unterscheidet sie sich durch ihre Kürze und eine weniger komplexe Handlung.
- Im Unterschied zur Novelle ist sie weniger scharf pointiert und weniger streng auf ein Ereignis konzentriert.
- Von der Kurzgeschichte unterscheidet sich die Erzählung durch eine breitere Anlage.
- Im Gegensatz zu Märchen, Sage und Legende wird die Darstellung von Unwirklichem und Wunderbarem vermieden.

Kurzgeschichte

Die Bezeichnung ist eine Lehnübersetzung des amerikanischen Gattungsbegriffs „Short Story“. Mit dieser ist sie aber nicht deckungsgleich, da sie in der deutschen Literaturgeschichte von anderen Formen der Kurzprosa (Novelle, Anekdote) abzugrenzen ist. In der deutschen Literatur erlebte die Kurzgeschichte einen Höhepunkt nach dem Zweiten Weltkrieg (↑ S. 87).

Inhaltliche Merkmale der Kurzgeschichte sind:

- Konzentration auf einen entscheidenden, oft inmitten alltäglicher Begebenheiten stattfindenden Augenblick im Leben eines Menschen.
- Dieser kann auch eine Grenzsituation mit Entscheidungszwang sein.
- Das Geschehen dreht sich häufig um nur eine oder zwei Hauptfiguren, wobei die Hauptfigur häufig ein Antiheld ist.
- Die Figuren sind typisiert, keine individuellen Charaktere, die häufig keine Namen tragen.

Formale Merkmale der Kurzgeschichte sind:
- linearer Handlungsverlauf, straffe Komposition,
- unvermittelter Anfang, der unmittelbar ins Geschehen führt,
- offener Schluss,
- neutrale oder personale Erzählsituation (↑ S. 124), die Distanz zum Erzählten herstellt,
- einfacher, meist parataktischer Sprachstil,
- Verwendung von Umgangs- und Alltagssprache.

Der offene Schluss

Bei dem Gestaltungselement des offenen Schlusses bietet der Autor am Ende eines Werks keine abschließende Lösung an und fordert den Leser so zum Nach- und Weiterdenken und damit zur Auseinandersetzung mit der Problematik des Werks heraus.

Novelle

Die Novelle (ital. novella „kleine Neuigkeit") entstand im 13. Jh. in Italien. Sie ist eine Prosaerzählung (seltener in Versform) mittlerer Länge. Die erste mustergültige Sammlung schuf Giovanni Boccaccio mit „Das Dekameron" (1348–53).

Inhaltliche Merkmale der Novelle sind:
- Im Mittelpunkt der Handlung steht ein krisenhaftes Ereignis oder eine „unerhörte Begebenheit" (Goethe).
- In ihm enthüllt sich schlaglichtartig das Schicksal einer Person oder die Tendenz einer Epoche.

Formale Merkmale der Novelle sind:
- geschlossene Form mit Wende- und Höhepunkten,
- straffe, meist einsträngige Handlungsführung,
- sprachlich objektiver Stil ohne Einmischung des Erzählers,
- Verwendung von Leitmotiven (einprägsame, formelhafte, wiederkehrende Aussagen),

- Einführung eines Dingsymbols (Gegenstand von symbolhafter Bedeutung), das an entscheidenden Stellen wiederholt erscheint und in dem das Spezifische der Novelle konzentriert zum Ausdruck kommt,
- Verzicht auf ausführliche Beschreibungen der äußeren Umgebung oder psychologischer Zustände.

Der Begriff des Leitmotivs

Der aus der Musik entlehnte Begriff bezeichnet in der Literatur eine einprägsame, oft im gleichen Wortlaut wiederkehrende Aussage, die einer bestimmten Person, Situation, einem bestimmten Gegenstand usw. zugeordnet ist und sich auf das gesamte Werk strukturierend auswirkt.

Häufig sind Novellen zu einem **Zyklus** zusammengefasst oder in eine **Rahmenerzählung** eingebettet, die einen historischen oder gesellschaftlichen Bezug herstellt.
Beispiele: Boccaccio, „Das Dekameron"; E.T.A. Hoffmann, „Die Serapions-Brüder" (1819–21)

Parabel

Eine Parabel ist ein zu einer selbstständigen Erzählung erweiterter Vergleich. Ihre **Merkmale** sind:

- Im Gegensatz zum Gleichnis enthält sie keine direkte Verknüpfung, die durch Vergleichspartikel (so – wie) verdeutlicht ist, sodass der lehrhafte Gehalt vom Leser selbst von der Bildebene auf die Sachebene übertragen werden muss.
- Ihre Erzählzeit ist die Vergangenheit im Gegensatz zum Gleichnis (Erzählzeit: Gegenwart).

Beispiele: Gotthold Ephraim Lessing, Ringparabel in dem Versdrama „Nathan der Weise" (1779); Franz Kafka, „Die Verwandlung" (1915), „Der Prozeß" (posthum 1925); Bertolt Brecht, „Der gute Mensch von Sezuan" (1938–41)

4.3 Dramatik

Das Drama entwickelte sich in Europa ab etwa 600 v. Chr. aus dem griechischen Dionysoskult, bei dem sich Chorsänger als Böcke verkleideten, um die Leiden und den Triumph des Gottes zu besingen.

Das Grundelement dieser Gesänge war der **Dithyrambus,** die Vorform der Tragödie (griech. tragodia „Bocksgesang"). Aus dem Wechselgesang zwischen Chorführer und Chor entwickelte sich die Wechselrede zwischen Chor und Schauspieler. Aischylos führte einen zweiten Schauspieler (**Deuteragonist**), Sophokles einen dritten (**Tritagonist**) ein.

Kennzeichen des Dramas

Grundlagen des Aufbaus

Die grundlegenden Elemente des Aufbaus eines Dramas sind:

- **Akt:** ein in sich geschlossener, größerer Handlungsabschnitt eines Dramas; seit dem 18. Jh. auch als **Aufzug** bezeichnet.
- **Szene:** die kleinste Gliederungseinheit des Dramas. Im klassischen Drama ist die Szene meist durch den Auf- bzw. Abtritt einer oder mehrerer Personen bestimmt. Die Szene wird daher auch als **Auftritt** bezeichnet.

Dem eigentlichen Beginn des Dramas kann ein **Prolog** vorangestellt sein, der von einer oder mehreren Personen szenisch dargestellt oder erzählend vorgetragen werden kann. Er kann folgende Funktionen haben:

- Begrüßung des Publikums,
- Ankündigung des folgenden Schauspiels,
- Information über die Handlung.

Beispiel: Goethe, „Faust I" (1808): Der Prolog im Himmel

Der **Epilog** ist ein Nachwort, das nach Beendigung der Handlung von einem Schauspieler direkt an das Publikum gerichtet wird. Er dient dazu, dem Zuschauer mitzuteilen, was er aus dem eben Gesehenen lernen soll.
Beispiel: Brecht, „Der gute Mensch von Sezuan" (1943)

Der **Dialog** (Wechselrede) ist das grundlegende sprachliche Element des Dramas. Er trägt folgende Funktionen:
- Er bestimmt den Ablauf der Handlung.
- Er dient der Charakterisierung der Personen.
- Er dient der Darstellung der dramatischen Konflikte.

Als besondere Formen des Dialogs können im Drama auftreten:
- **Stichomythie:** Die zeilenweise wechselnde Rede und Gegenrede dient der Darstellung eines lebhaften Gesprächs oder eines erregten Wortwechsels.
- **Antilabe:** Der auf wechselnde Personen verteilte Sprechvers. Er dient der Darstellung des gehetzten Dialogs, wobei häufig nur abgerissene Sätze verwendet werden.

Der **Monolog** ist das Selbstgespräch bzw. die Rede einer einzelnen Person. Er kann verschiedene Funktionen erfüllen:
- Im **expositorischen Monolog** werden die Voraussetzungen der dramatischen Handlung erläutert.
- Der **epische Monolog** teilt Ereignisse mit, die auf der Bühne nicht darstellbar sind (↑ S. 135).
- Der **lyrische Monolog** drückt die seelische Verfassung und das Gefühlsleben der mit sich selbst redenden Figur aus.
- Im **Reflexionsmonolog** werden von der Person Überlegungen zu bestimmten Situationen angestellt.
- Der **Konfliktmonolog** führt die Figur zu wesentlichen Entscheidungen, die den Gang der Handlung grundlegend beeinflussen.

Dramentechnische Mittel

Ereignisse, die für den Fortgang der Handlung wichtig, auf der Bühne aber nicht darstellbar sind, müssen auf andere Weise den Personen des Dramas und auch den Zuschauern mitgeteilt werden.

Botenbericht	Teichoskopie (Mauerschau)
Bereits abgeschlossene Vorgänge werden berichtet. ■ Ereignisse aus der Vorgeschichte ■ Räumlich oder zeitlich fernab liegende Ereignisse	Ereignisse, die gleichzeitig zum Bühnengeschehen ablaufen, werden auf der Bühne vergegenwärtigt durch einen erhöht stehenden Betrachter (z. B. vom Turm, von der Mauer u. a.). ■ Massenszenen, Schlachtszenen, Naturkatastrophen

4

Figuren

Die Personen eines Dramas werden als Figuren bezeichnet. Man unterscheidet je nach Bühnenpräsenz, Anteil am gesprochenen Text und der Bedeutung, die den Figuren als Handlungsträger zukommt, zwischen Haupt- und Nebenfiguren. Die Hauptfiguren lassen sich wie folgt einteilen:

- **Protagonist (Held):** die Hauptfigur.
- **Antagonist:** der Gegenspieler der Hauptfigur. Er ist oft negativ gezeichnet und bedingt durch sein Handeln die Katastrophe oder zumindest das Schicksal des Helden.
  Beispiel: Antagonist des Faust in Goethes „Faust“ ist Mephistopheles.
- **Negativer Held (passiver Held):** oft das moderne Individuum, das an der Gesellschaft und ihren Normen scheitert.
  Beispiele: die Titelfiguren von Georg Büchners „Woyzeck“ (1836) oder Brechts „Das Leben des Galilei“ (1943)

- **Antiheld:** eine Figur, die unfähig ist, sich der Langeweile ihres Lebens zu erwehren und die Initiative zu ergreifen.
  Beispiel: Büchner, „Leonce und Lena" (1842): Leonce und Valerio

Die **Figurenkonstellation** bezeichnet die Beziehungen der Figuren oder auch einzelner Figurengruppen zueinander. Man unterscheidet:

- **Korrespondenzbeziehung:** Die Figuren stehen auf der gleichen Seite.
- **Kontrastbeziehung:** Die Figuren stehen auf entgegengesetzten Seiten in der Konstellation Protagonist – Antagonist.

Dieses Beziehungsgefüge kann sich im Laufe der Handlung mehrfach ändern.

Handlung

Die Handlung im Drama ist durch drei Elemente gekennzeichnet:

- eine oder mehrere handelnde Personen,
- eine zeitliche Abfolge mit Anfang und Ende,
- einen oder mehrere Schauplätze.

Grundsätzlich wird zwischen **Haupthandlung** und **Nebenhandlung** unterschieden. Die Nebenhandlung kann die Haupthandlung unterbrechen oder begleiten. Die Haupthandlung kann durch die Nebenhandlung auf einer zweiten sozialen Ebene gespiegelt werden. Darüber hinaus unterscheidet man:

- **Episode:** eine geschlossene, in die Haupthandlung eingeschobene und meist locker verknüpfte Nebenhandlung, als Kontrast und Verstärkung der Haupthandlung.
- **Äußere Handlung:** die vordergründigen stofflichen Zusammenhänge.
- **Innere Handlung:** geistige, seelische, moralische Entwicklung.

Bei der **Komposition der Bühnenhandlung** unterscheidet man zwei Formen:

	Analytisches Drama (Enthüllungsdrama)	Synthetisches Drama, (Entfaltungsdrama, Zieldrama)
Merkmale	■ Die konfliktauslösenden Ereignisse sind bereits vor dem Einsetzen der Handlung geschehen. ■ Erst im Laufe der Handlung werden die Ereignisse und ihre Folgen den handelnden Figuren und dem Publikum schrittweise enthüllt. ■ Durch die allmähliche Aufdeckung bahnt sich oft gleichzeitig die Katastrophe der Hauptperson an.	■ Die Bühnenhandlung setzt mit den konfliktauslösenden Ereignissen ein. ■ Die Handlung zielt auf die Auflösung des Konflikts am Ende, meist die Katastrophe.
Beispiele	Sophokles, „König Ödipus“ (425 v. Chr.); Heinar Kipphardt, „In der Sache J. Robert Oppenheimer“ (1964)	Schiller, „Kabale und Liebe“ (1784); Lessing, „Emilia Galotti“ (1772); Gerhart Hauptmann, „Vor Sonnenaufgang“ (1889)

Außersprachliche Darstellungselemente

Auf der Bühne lassen sich die Vorgänge der fiktiven Welt nicht allein mit dem Medium der Sprache transportieren. Zahlreiche akustische und optische Elemente ergänzen das gesprochene Wort.

4

Außersprachliche Darstellungselemente

akustische Elemente		optische Elemente	
Darsteller	**Bühne**	**Darsteller**	**Bühne**
Sprache, Redeweise, Akzent, Stilebene, Artikulation, Dynamik, Sprechtempo, Tonhöhe, Tonfall, Lautstärke	Geräusche, Musik, Stimme aus dem „Off"	Statur, Physiognomie, Mimik, Gestik, Bewegung, Maske, Kostüm, Bühnenaktion	Bühnenbild, Bühnenform, Aufbauten, Dekoration, Requisiten, Beleuchtung, Projektion, Vorhänge, Spruchbänder, Videoeinspielungen

Gattungen und Typen des Dramas

Das klassische fünfaktige Drama

Dem klassischen Drama liegt ein fünfstufiger Aufbau zugrunde, der als **Fünf-Akt-Schema** bezeichnet wird. Der pyramidale Bau des Dramas wurde 1861 von Gustav Freytag (*1816, †1895) grafisch dargestellt:

„Das klassische Drama"

Akteinteilung und Spannungsverlauf

3. Akt: Höhepunkt/Peripetie

2. Akt: steigende Handlung mit erregendem Moment

4. Akt: fallende Handlung mit retardierendem Moment

1. Akt: Exposition

5. Akt: Katastrophe

Die **Einteilung in die fünf Akte** und der Spannungsverlauf haben folgende Funktion:

- **Erster Akt:** Die **Exposition** legt die Verhältnisse und Zustände dar, aus denen der tragische Konflikt entspringt. Sie gibt Auskunft über Ort, Zeit, Handlungszusammenhang, Hintergründe und Vorgeschichte und stellt die Protagonisten vor.
- **Zweiter Akt:** Die Handlung spitzt sich auf den Konflikt hin (**steigende Handlung**). Das **erregende Moment** ist ein wichtiges Ereignis oder eine bedeutsame Entscheidung des Helden, das die Verwicklung in Gang bringt.
- **Dritter Akt:** Auf dem Höhepunkt des dramatischen Konflikts (**Krisis**) trifft der Held eine Entscheidung, die ihm die weitere Möglichkeit des freien Handelns nimmt und sein Schicksal bestimmt (**tragisches Moment**). Dieses Ereignis markiert den Wendepunkt (**Peripetie**) der dramatischen Handlung, an dem die Glücksumstände umschlagen und zur Katastrophe führen.
- **Vierter Akt:** Die auf die Katastrophe hin **fallende Handlung** wird durch das **retardierende Moment** aufgehalten: Die Verzögerung im Handlungsablauf steigert die Spannung, weil sich scheinbar noch Lösungsmöglichkeiten für den dramatischen Konflikt ergeben.
- **Fünfter Akt:** In der **Katastrophe** findet der dramatische Konflikt seine Lösung, die im Untergang des Helden oder der Heldin besteht. Die Idee, für die der Protagonist eingetreten ist, verliert dabei nicht an Gültigkeit.

Neben Peripetie und Katastrophe ist die **Anagnorisis** (griech. „Erkennen“, „Wiedererkennen“) nach Aristoteles das dritte Moment der dramatischen Fabel. Sie kann an unterschiedlichen Stellen des Dramas auftreten und bezeichnet das plötzliche Umschlagen von Unwissen in Erkenntnis. Das Erkennen einer Person (Verwandte, Freunde) oder eines Tatbestands kann den Konflikt lösen oder die Tragik der Katastrophe vertiefen.

Beispiele: Sophokles, „König Ödipus“ (425 v. Chr.); Goethe, „Iphigenie auf Tauris“ (1787, ↑ S. 50 f.).

Dreiakter

Die Gliederung eines Dramas in drei Akte entspricht der von Aristoteles geforderten Dreiteilung der Handlung.

- **Erster Akt:** Darstellung der Umstände, denen der dramatische Konflikt entspringt.
- **Zweiter Akt:** Entfaltung des Konflikts.
- **Dritter Akt:** Auflösung der Konflikts.

Beispiele: Henrik Ibsen, „Nora – Ein Puppenheim“ (1879), „Gespenster“ (1881)

Einakter

Die nur aus einem Akt bestehende Form des Dramas ist erst seit Mitte des 18. Jh. üblich. Kennzeichen sind:

- konzentrierte Handlung,
- kaum Szenenwechsel.

Beispiel: Heinrich von Kleist, „Der zerbrochene Krug“ (1811)

Lesedrama

Dramatische Texte, die aus räumlichen oder technischen Gründen als nicht aufführbar gelten oder galten oder von vornherein nicht für die dramatische Realisierung vorgesehen waren, werden als Lesedrama oder Buchdrama bezeichnet. Gründe für die Unspielbarkeit können sein:

- zu großes Figurenensemble,
- Wahl des Schauplatzes,
- zu lange Spieldauer.

Beispiele: Goethe, „Faust II“ (veröffentlicht 1832); Ludwig Tieck, „Kaiser Octavianus“ (1804); Karl Kraus, „Die letzten Tage der Menschheit“ (1918/19)

Tragödie und Komödie

Die wichtigsten Gattungen des Dramas sind Tragödie und Komödie.

Die **Tragödie (Trauerspiel)** gestaltet einen schicksalhaften, unvermeidbaren und unlösbaren Konflikt, der zum Untergang des Helden führt. Dabei stehen meist existenzielle Fragen des Menschen nach Schuld und Sühne, Mensch und Gott, Individuum und Gesellschaft im Mittelpunkt. In der Katastrophe erhalten die Hauptbeteiligten volle Einsicht in ihre tragischen Verstrickungen.

In der **Komödie** wird ein meist nur scheinbarer Konflikt gestaltet, der oft durch menschliche Schwächen oder vermeintliche Werte hervorgerufen wird. Am Ende steht ein glücklicher Ausgang.

Formen der Komödie sind u. a.:

- **Situationskomödie:** Komödie, in der die Komik durch Verwicklungen der Handlungsstränge, durch Verwechslungen oder Intrigen (**Intrigenkomödie**) hervorgerufen wird und dadurch, dass der Zuschauer die für die Figuren verborgenen Zusammenhänge durchschaut.
  Beispiel: Gerhart Hauptmann, „Der Biberpelz" (1893)
- **Charakterkomödie:** Komödie, in der sich die Komik aus der einseitigen Gestaltung eines Charakters ergibt.
  Beispiel: Heinrich von Kleist, „Der zerbrochene Krug" (1811)

In der **Tragikomödie** wirken tragische und komische Elemente so zusammen, dass die Tragik durch humoristische Brechung gemildert wird oder die Komik die tragischen Aspekte vertieft. Die Katastrophe am Ende bleibt meist aus.

Beispiele: Friedrich Dürrenmatt, „Der Besuch der alten Dame" (1956); Max Frisch, „Herr Biedermann und die Brandstifter" (1956)

Dramentypen nach inhaltlichen Gesichtspunkten

Seit dem 18. Jh. entstanden zahlreiche Dramentypen, für die meist die geschlossene Form (↑ S. 144) kennzeichnend ist und die sich nach ihrem thematischen Schwerpunkt unterscheiden:

- **Bürgerliches Trauerspiel:** Es entstand im 18. Jh. und gestaltet das tragische Schicksal von Menschen bürgerlichen Standes (↑ S. 37 f.).
- **Historisches Drama (Geschichtsdrama):** Es gestaltet historische Themen und Stoffe, die tatsachengetreu wiedergegeben oder den künstlerischen Erfordernissen entsprechend abgewandelt werden, oder bringt eine bestimmte Geschichtsauffassung zum Ausdruck.
  Beispiele: Schiller, „Wallenstein" (1800), „Maria Stuart" (1801)
  Wird ein historischer Stoff genutzt, um lehrhafte, religiöse oder politische Tendenzen zu vermitteln, spricht man vom **Historiendrama**.
- **Ideendrama:** In ihm sind Handlung, Charaktere, Stoff und Sprache auf einen übergeordneten Leitgedanken, eine Idee oder Weltanschauung bezogen, die Allgemeingültigkeit beanspruchen können. Es war der bevorzugte Dramentyp der Weimarer Klassik (↑ S. 47).
- **Soziales Drama:** Bereits in den frühen Formen der Komödie und im Trauerspiel des 18. Jh. wurden die gesellschaftlichen Verhältnisse der niederen sozialen Schichten behandelt. Im 19. Jh. steht es in engem Zusammenhang mit der sozialen Frage in der industriellen Revolution, thematisiert das Leben der unterprivilegierten Schichten und kritisiert soziale Missstände. Es ist einer der wichtigsten Dramentypen des Naturalismus (↑ S. 67).
- **Milieudrama:** In dem wichtigen Typ des naturalistischen Dramas werden die Zustände eines bestimmten Gesellschaftskreises dargestellt und soziale, äußere Bedingungen bestimmen die Handlung und die Charaktere (↑ S. 67).

Moderne Dramentypen

Die Dramentypen, die seit dem Ende des 19. Jh. entstanden sind, verwenden meist die offene Form (↑ S. 144 f.). Folgende Dramentypen haben sich herausgebildet:

- **Stationendrama:** Es reiht einzelne, autonome Szenen locker aneinander, die Zustände schildern und das Geschehen aus verschiedenen Perspektiven beleuchten. Die Verbindung der einzelnen Szenen entsteht durch eine zentrale Figur. Das Stationendrama erhielt große Bedeutung als bevorzugte Dramenform des Expressionismus (↑ S. 74 f.).
- **Episches Theater:** Die von Bertolt Brecht in den 1920er-Jahren entwickelte Dramenform ist v. a. durch die **Verfremdung** der dramatischen Handlung durch bestimmte dramentechnische Mittel gekennzeichnet, damit sich der Zuschauer mit der Handlung und den Figuren nicht identifiziert, sondern die dargestellte Lehre kritisch durchdenkt (**Lehrstück**) und sein Handeln dementsprechend verändert (↑ S. 78 f.).
- **Dokumentartheater:** Es entstand in den 1920er-Jahren und bringt historisch-authentische Szenen unter Verwendung von Quellenmaterial auf die Bühne (↑ S. 77).
- **Agitproptheater:** Es wurde in den 1920er-Jahren entwickelt und gestaltet kabarettartige Szenen, die von Songs gegliedert und von den Schauspielern kommentiert werden. Es verfolgte das Ziel, für die politischen Anschauungen des Sozialismus und dessen aktive Vertretung zu werben.
- **Absurdes Theater:** Es entstand ab etwa 1950 unter dem Einfluss des Existenzialismus und bringt die Widersinnigkeit oder Sinnentleertheit des menschlichen Lebens auf die Bühne. Es verzichtet auf eine psychologisch motivierte Handlung und führt zu keinem sinnvollen Abschluss. Die Wirklichkeit wird verfremdet oder in schockierenden Bildern zertrümmert.
  Beispiele: Samuel Beckett, „Warten auf Godot“ (1953); Wolfgang Hildesheimer, „Spiele, in denen es dunkel wird“ (1958)

Geschlossene Form	
Handlung	■ einheitliche, in sich abgeschlossene Haupthandlung ■ kausale Verknüpfung der Szenen (Nichtaustauschbarkeit) ■ einzelne Handlungen als Schritte einer logisch zwingenden Abfolge
Zeit	■ Einheit der Zeit ■ Zeit nur im Rahmen des Geschehens ■ keine Zeitsprünge
Ort	■ Einheit des Ortes ■ Ort nur Rahmen des Geschehens
Personen	■ geringe Zahl ■ Ständeklausel ■ hoher Bewusstseinsgrad
Komposition	■ Handlungszusammenhang als Ganzes ■ Einführung in die Handlung ■ abgeschlossene Handlung am Ende ■ funktionale Zuordnung der Szene zum Akt und des Aktes zum Drama ■ lineare Abfolge des Geschehens
Sprache	■ einheitlicher, an der Rhetorik ausgerichteter Sprachstil (Versform) ■ Hypotaxe ■ Dialog als Rededuell (Stichomythie) ■ Bewusstsein dominiert Sprache
Typen	■ Drama des französischen Klassizismus ■ klassische Tragödie ■ bürgerliches Trauerspiel ■ historisches Drama ■ Ideendrama

Offene Form	
Handlung	■ mehrere Handlungen gleichzeitig (Polymethie) ■ Zerrissenheit der Handlungsabfolge ■ relative Autonomie einzelner Szenen
Zeit	■ ausgedehnter Zeitraum ■ Zeitsprünge zwischen den Szenen
Ort	■ Vielheit der Orte ■ Räume charakterisieren und bestimmen das Verhalten
Personen	■ große Zahl ■ keine ständischen und sozialen Beschränkungen ■ Zusammenspiel von Innenwelt und Außenwelt
Komposition	■ Dominanz des Ausschnitts ■ zufälliger Beginn ■ offener Schluss ■ Szenen haben ihren Schwerpunkt in sich ■ Variation und Kontrastierung von Szenen
Sprache	■ Pluralismus des Sprechens ■ Parataxe ■ Mischung der Stilebenen und der Ausdruckshaltung ■ Orientierung an der Alltagssprache ■ Dominanz der Sprache über das Bewusstsein
Typen	■ elisabethanisches Theater in England ■ Stationendrama ■ episches Theater ■ absurdes Theater

5 Interpretation literarischer Texte

Wichtige Begriffe

Text	
Der Begriff bezeichnet eine in sich abgeschlossene, selbstständige, schriftlich fixierte sprachliche Äußerung; sie können von sehr unterschiedlicher Länge sein.	Rede, Brief, Erzählung, Gedicht, Roman, Gesetzestext, historische Quelle

Literarische Texte	
Als literarische Texte werden alle nach künstlerischen Maßstäben gefügte Texte bezeichnet. Sie dienen nicht nur der praktischen Verwendung wie die Gebrauchsliteratur, sondern haben einen eigenen ästhetischen Wert.	Gedicht, Roman, Trauerspiel, Verserzählung, Kurzgeschichte
Sofern sie erfundene Figuren, Situationen und Geschehnisse so darstellen, als seien sie real, sind sie **fiktional**.	
Literarische Texte lassen sich unterschiedlichen **Gattungen** zuordnen.	Epik, Lyrik, Dramatik (↑ S. 108 ff.)

Textanalyse

Die Textanalyse hat zum Ziel, die Merkmale und Besonderheiten eines Textes systematisch zu erfassen und ihre Beziehung zueinander herauszuarbeiten.

In der **Formanalyse** werden die Merkmale der Form bestimmt.

beim Gedicht:
Strophenform, Versmaß

In der **Strukturanalyse** wird der Aufbau herausgearbeitet.

beim Roman:
Erzählaufbau, -perspektive

beim Drama:
Figurenkonstellation, Handlungsaufbau

In der **Stilanalyse** werden die sprachlichen Besonderheiten untersucht.

rhetorische Mittel,
Verwendung von Bildern,
Sprachebene, Satzbau

Interpretation

Der Vorgang und das Ergebnis des Verstehens literarischer Texte werden Interpretation genannt. Sie zielt auf die Auslegung des Textes und greift dafür auf die Ergebnisse der Textanalyse zurück. Dabei werden unterschiedliche Methoden angewandt (↑S.148).

Interpretationsmethoden:
werkimmanent
soziologisch
biografisch

5.1 Interpretationsmethoden

Zur Deutung literarischer Werke haben sich zahlreiche Verfahren herausgebildet, die sich dem Werk mit unterschiedlichen Fragestellungen nähern. Die einzelnen Methoden dienen dazu, inhaltliche und formale Aspekte sowie deren historische, soziale oder auch biografische Bedingtheiten aufzuzeigen. Nicht jede Methode ist für jedes Werk geeignet, im Einzelfall ist zu entscheiden, welcher Deutungsansatz erkenntnisreich ist.

Werkimmanente Methode

Sie will das Werk aus sich selbst heraus verstehen, ohne literaturgeschichtliche, biografische oder andere Bezüge herzustellen. Ziel ist es, Gehalt und Form einer Dichtung in ihrem gegenseitigen Wechselverhältnis darzustellen.

Biografische Methode

Sie berücksichtigt die Lebensumstände oder persönlichen Erfahrungen des Autors und prüft, inwieweit sie für die Themenwahl oder die Gestaltung des Werks von Bedeutung sind.

Geistesgeschichtliche Methode

Sie untersucht den Einfluss bestimmter Denkweisen, Ideen und Weltanschauungen (Philosophie, Theologie, Kunst, Naturwissenschaft) auf das Werk.

Literatursoziologische Methode

Sie versucht, das Verhältnis zwischen dem Text und der außertextlichen Realität in Gesellschaft und Geschichte zu klären.

Literaturpsychologische Methode

Sie versucht, Zusammenhänge zwischen dem Text und der Psyche des Autors herzustellen.

5.2 Vorarbeiten für den Interpretationsaufsatz

Erstes Lesen

Hierbei geht es um ein erstes Verstehen des Textes. Außerdem zeigt sich hier bereits die Richtung der Interpretation.

- Inhaltlich, sprachlich und formal Auffälliges wird zunächst noch unsystematisch gekennzeichnet.
- Daraus wird die **vermutete Aussageabsicht** abgeleitet.

Vorbereitende Textanalyse

Vor dem Hintergrund der vermuteten Aussageabsicht wird der Text weiter untersucht:

- Der Text wird in **Sinnabschnitte** gegliedert und deren gedankliche Verknüpfung analysiert.
- Besonderheiten werden systematisch gesammelt und durch **Markierungen** im Text gekennzeichnet (↑ S. 171).

5

Bildung von Interpretationshypothesen

Aufgrund der Textbeobachtungen lässt sich die vermutete Aussageabsicht präzisieren. Stichpunktartig werden **Interpretationsthesen** notiert, die die Grundlage der schriftlichen Ausarbeitung bilden.

5.3 Aufbau einer Interpretation

Die schriftliche Ausarbeitung richtet sich nach der Textsorte und den Eigenarten des zu interpretierenden Textes. Einleitung und Schluss enthalten für alle Gattungen übereinstimmende Informationen. Im Hauptteil werden der jeweiligen Gattung und Textsorte angepasste Verfahrensweisen angewendet (↑ S. 151 ff.).

Einleitung

Die Einleitung führt sinnvoll zum Thema der Interpretation hin. Sie enthält folgende Angaben:

- In einem Einleitungssatz werden der **Titel,** der **Autor,** die **Entstehungszeit,** die **Textsorte** und das **Thema** genannt.
- Die Zuordnung zu einer literarischen Epoche, zum literaturgeschichtlichen Hintergrund oder zur Biografie des Autors wird nur dann gemacht, wenn sie für das Thema der Interpretation relevant ist.
- Der **Inhalt** wird knapp zusammengefasst. Wenn es sich bei dem zu interpretierenden Text um einen Ausschnitt handelt, wird die Stelle in den Kontext des Werkes eingeordnet (↑ S. 157). Der Schwerpunkt liegt dabei auf den Aspekten, die für die Themenstellung von Bedeutung sind.
- Grundlegende Merkmale des Textes hinsichtlich **Sprache, Form** oder **Inhalt** werden benannt.

Hauptteil

Erster Teil: Textanalyse

Durch die Textanalyse (↑ S. 164 ff.) werden die objektiv feststellbaren (formalen) Merkmale des zu interpretierenden Textes herausgearbeitet.

- Der **Aufbau** und die **Form** werden analysiert.
- Besonderheiten in **Stil** und **Sprache** und ihre Funktion für den Text werden herausgearbeitet.

Zweiter Teil: Interpretation

Die Interpretation stützt sich auf die Ergebnisse der vorangegangenen Textanalyse. Sie bezieht diese auf den Inhalt und deutet so den Text.

- Die **Interpretationsthesen** werden benannt. Textbelege in Form von sinnvoll ausgewählten Zitaten (↑ S. 162 f.) werden zur Stütze der Thesen angeführt.
- Der Gedankengang führt insgesamt zu einer **Deutung** des Textes und darf keine Paraphrase des Inhalts sein.

Schluss

Der Schlussteil rundet die Interpretation ab und kann unterschiedlich gestaltet sein:

- Die Ergebnisse der Interpretation können noch einmal kurz und prägnant in Bezug auf die Eingangsfrage zusammengefasst werden. Am Ende steht ein **Fazit.**
- Die Ergebnisse können in einen **größeren Zusammenhang** eingeordnet werden, indem beispielsweise auf die Epoche oder andere Werke des Autors oder auf Werke anderer Autoren Bezug genommen wird.
- Noch **offene Fragen** oder verbleibende Schwierigkeiten werden thematisiert.
- Die **eigene Meinung** wird erläutert oder eine kritische Beurteilung des Textes gegeben.

5.4 Aspekte der Untersuchung literarischer Texte

Jede Textgattung weist spezifische Merkmale auf. Deshalb muss eine Interpretation die Textgattung und die sich daraus ergebenden Anforderungen berücksichtigen. Für jede Gattung werden bei der Interpretation unterschiedliche Verfahrensweisen angewendet.

Interpretationsaspekte lyrischer Texte

Wichtig für die Interpretation von Lyrik ist es v. a., die sprachliche Form und die sprachlichen Bilder zu analysieren und mit dem Inhalt des Gedichts in Beziehung zu setzen.

Titel

Für die Interpretation sind v. a. die mit dem Titel verbundenen Erwartungen für das Thema des Gedichts sowie das Verhältnis von Titel und tatsächlichem Gedichtinhalt interessant.

Die Beziehung von Form und Inhalt

Bei der Interpretation werden die formalen Merkmale eines Textes nie isoliert betrachtet oder nur aufgezählt, sondern auf die inhaltliche Ebene des Textes bezogen (↑S. 154).

Inhalt

- **Thematischer Schwerpunkt:** Hier wird allgemein angegeben, worum es in dem Gedicht geht.
  Beispiele: Natur-, Großstadt-, Liebeslyrik, politische Lyrik
- **Konkretes Thema:** Die Beschreibung der dargestellten Situation differenziert die allgemeine Angabe.

Gedichtform

Die formalen Eigenschaften ergeben sich aus der Verwendung bzw. Nichtverwendung bestimmter Bauelemente (↑S. 109 ff.):

- Einteilung in Strophen,
- Anzahl der Verse und Verteilung auf die Strophen,
- Übereinstimmung oder Nichtübereinstimmung von syntaktischer Einheit und Verseinheit,
  Beispiele: Enjambement, Zeilenstil, Hakenstil
- Verwendung einer traditionellen Gedichtform.
  Beispiele: Sonett, Lied, Elegie, Ode

Metrum und Rhythmus

Der Wechsel von betonten und unbetonten, langen und kurzen Silben (↑ S. 112 ff.) gliedert die Sprache und bestimmt den Sinn einer Aussage. Folgende Grundformen sind zu unterscheiden:

- regelmäßige/unregelmäßige metrische Gestaltung,
- freie Rhythmen,
- auffällige Zäsuren,
- Auffälligkeiten im Verhältnis von Versakzent und Sinnakzent.

Klangliche Gestaltung

Durch die klangliche Gestaltung (↑ S. 115 ff.) werden Verse zu Sinneinheiten verbunden. Gestaltungselemente sind:

- Reimschema,
  Beispiele: Paarreim, Kreuzreim, Binnenreim, Waisen
- Kadenzen,
  Beispiele: weibliche/männliche Kadenz, gleitende Kadenz
- Klangfarbe.
  Beispiele: Assonanz, Stabreim, Lautmalerei

5

Sprachliche Gestaltung

Die sprachliche Gestaltung stützt die inhaltliche Aussage des Textes. Untersucht werden:

- rhetorische und stilistische Figuren (↑ S. 216 f.)
  Beispiele: Anapher, Chiasmus, Parallelismus, Ellipse
- Wortfelder.
  Beispiel: „Krieg“: Kanone, Blut, Flammen, schwarz, Krieger

Bildlichkeit

Durch bildhafte Ausdrücke wird der Text vielschichtiger. Die Untersuchung bezieht sich auf:

- sprachliche Bilder,
  Beispiele: Metapher, Allegorie, Personifikation
- Symbole und Chiffren.
  Beispiel: Kreuz als Symbol für das Christentum

Stilanalyse

Benennung der Stilmittel

Die Stilmittel dienen der Veranschaulichung, der Verdeutlichung oder auch der Ausschmückung.

	Ich und du
Parallelismus	Wir träumten von einander Und sind davon erwacht, Wir leben, um uns zu lieben Und sinken zurück in die Nacht.
Chiasmus	Du tratst aus meinem Traume, Aus deinem trat ich hervor, Wir sterben, wenn sich eines Im andern ganz verlor.
Alliteration	Auf einer Lilie zittern Zwei Tropfen rein und rund, Zerfließen in eins und rollen
abbildende Wortstellung	Hinab in des Kelches Grund.
	(Friedrich Hebbel)

Beschreibung ihrer Wirkung

Dabei wird die inhaltliche Ebene des Textes mit einbezogen.

In der ersten Strophe wird der gemeinsame Traum und das gemeinsame nächtliche Erwachen und Wieder-in-den-Schlaf-Fallen des lyrischen Ich und seiner Geliebten thematisiert. Die Übereinstimmung der beiden Liebenden wird stilistisch durch den **Parallelismus** „Wir träumten [...] Und [...], Wir leben [...], Und [...]" verdeutlicht.

Im fünften und sechsten Vers wird das gegenseitige Voneinander-Träumen dargestellt. Dabei wird das Verwobensein des einen in den Traum des anderen durch einen **Chiasmus**, eine Überkreuzstellung, veranschaulicht.

In der dritten Strophe wird das Bild der zwei sich vereinigenden Tropfen durch die Wortstellung abgebildet: Die Apposition zu „Zwei Tropfen" besteht aus zwei Wörtern („rein und rund"), die zusätzlich durch die **Alliteration** hervorgehoben sind. Die Alliteration verdeutlicht die Harmonie zwischen den beiden Tropfen, die für die beiden Liebenden stehen.

Im letzten Vers wird der Vorgang des Fließens auf den Grund des (Blüten-)Kelches durch die Wortstellung nachvollzogen: Der „Grund" als der Punkt, an dem der Fließvorgang beendet ist und der Tropfen zur Ruhe kommt, steht betont als letztes Wort im Vers.

Interpretationsaspekte epischer Texte

Bei der Interpretation der verschiedenen Formen epischer Texte (↑ S. 122 ff.) steht v. a. die Analyse der erzählerischen Mittel im Vordergrund.

Beispiel: Bei der Interpretation einer Kurzgeschichte müssen die Merkmale des unvermittelten Anfangs und des offenen Schlusses analysiert werden.

Erzählform

Die innere Beteiligung des Erzählers am Geschehen drückt die Erzählform (↑ S. 123) aus. Es gibt zwei Möglichkeiten:

- Der Erzähler gibt die Ereignisse sachlich und ohne persönliche Stellungsnahme wieder.
- Der Erzähler schaltet sich mit Kommentaren und Wertungen sowie Reflexionen ein.

Erzählperspektive

Der Standpunkt oder Blickwinkel, von dem aus ein Geschehen erzählt wird (↑ S. 123 f.), kann sein:

- Außenperspektive,
  Beispiele: auktoriale Perspektive, Er/Sie-Erzähler
- Innenperspektive.
  Beispiele: personale Perspektive, Ich-Erzähler

Figuren

Die Träger der Handlung werden unter folgenden Aspekten untersucht:

- Charakter, Erscheinungsbild, Eigenschaften, Verhaltensweisen der Figuren,
- Figurenkonstellation,
- Figurenrede (↑ S. 125).
  Beispiele: direkte/indirekte Rede, innerer Monolog, erlebte Rede

Handlung

Die Untersuchung der Handlung (↑ S. 126) berücksichtigt:

- Haupt- und Nebenhandlungen,
- äußere und innere Handlung,
- die Bauform der Handlung,

  Beispiele: mehrere Handlungsstränge, chronologische Erzählweise, Umstellung der Chronologie, Rückblicke

Zeit

Die Untersuchung der Zeit (↑ S. 125) bezieht sich auf das Verhältnis von Erzählzeit und erzählter Zeit.
Beispiele: Zeitraffung, Zeitdehnung, Zeitdeckung

Raum

Der Ort der Handlung (↑ S. 126 f.) kann auch eine Funktion innerhalb der Darstellung des Geschehens einnehmen.
Beispiele: Raum als Gefühlsraum, Raum als Symbol

Interpretationsaspekte dramatischer Texte

In der Regel bezieht sich die Interpretation dramatischer Texte auf ausgewählte Szenen oder Ausschnitte aus einem Drama. Bei der Interpretation müssen diese jedoch in den Kontext des gesamten Dramas gestellt werden.
Beispiele: Funktion im Handlungsverlauf, im dramatischen Konflikt

Szenische Darstellung

Da dramatische Texte in der Regel für eine Aufführung im Theater gedacht sind, darf man bei der Untersuchung nicht nur die Textvorlage analysieren, sondern muss auch die szenische Umsetzung auf der Bühne beachten (↑ S. 137 f.).
Beispiele: Regieanweisung, Bühne, Requisiten, Stimme

Dramenform

Der formale Aufbau eines Dramas (↑ S. 133 ff.) wird bestimmt durch die drei Kategorien Zeit, Ort und Handlung sowie die Gliederung in Akte, Szenen oder Bilder. Man unterscheidet grundsätzlich:

- klassisches Drama (geschlossene Form),
- modernes Drama (offene Form).

Textgestaltung

Das Drama gestaltet die Handlung in szenischer Form. Die Hauptbestandteile sind:

- **Dialog:** In ihm werden die handelnden Personen charakterisiert und tragen ihre Konflikte aus.
  Beispiele: Stichomythie als gesteigerte Darstellung eines lebhaften Streites
- **Monolog:** Das Selbstgespräch gibt Auskunft über die Stimmung, Gedanken und Pläne einer Figur.

Figuren

Die Figuren (↑ S. 135 f.) sind Träger der Handlung. Da es beim Drama keine Kommentierung durch einen Erzähler gibt, beinhaltet die Untersuchung der Personen auch **Aspekte der Inszenierung**. Folgende müssen berücksichtigt werden:

- Charakterisierung der Personen,
  Beispiele: durch Kostümierung, Mimik, Gestik, Aussagen von und über die Person, Sprache
- Figurenkonstellation,
  Beispiele: Hauptfiguren, Nebenfiguren, Protagonist/Held, Antagonist/Gegenspieler
- Verhältnis der handelnden Figuren zueinander,
  Beispiele: verwandtschaftliches, gesellschaftliches Verhältnis (Verzeichnis der handelnden Personen), emotionale Beziehung, finanzielle Abhängigkeit

Konflikt

Der Konflikt (↑ S. 136 ff.) ist das tragende Element der Handlung. Folgende Aspekte werden untersucht:

- beteiligte Personen,
- Art und Inhalt des Konflikts sowie seine Vorgeschichte,
- Katastrophe und Scheitern des Helden.

In der Komödie handelt es sich um Scheinkonflikte, die sich am Ende zum Guten auflösen.

Sprache

Die Untersuchung der Sprache (↑ S. 169 f.) dient v. a. der Charakterisierung der Personen. Sie bezieht sich auf:

- Sprachstil,
  Beispiele: gebundene/ungebundene Sprache, Verwendung von Sprachbildern und rhetorischen Figuren
- Sprachebene.
  Beispiele: Hochsprache, Dialekt, schichtspezifische Merkmale der Sprache

5.5 Vergleichende Interpretation

Ein Textvergleich stellt **Gemeinsamkeiten** und **Unterschiede** zweier Texte fest. Besonderheiten der Texte werden durch Kontrastierung und Vergleichen aus ihrer Isolierung herausgehoben und in einen größeren Zusammenhang eingeordnet. Die Texte profilieren, relativieren oder ergänzen sich dadurch.

Die Aufgabenstellung gibt in der Regel die **Aspekte** an, unter denen die Texte verglichen werden sollen.

Beispiel: Vergleichen Sie die Darstellung und die Funktion der Natur in beiden Gedichten und gehen Sie dabei besonders auf die Verwendung der Symbole und der sprachlichen Mittel ein.

Kategorien des Textvergleichs

Textvergleich	thematischer Vergleich	■ Motive ■ Figurenkonstellationen ■ Thematik
	formaler Vergleich	■ gleiche Gattungsform: Volksmärchen – Kunstmärchen
	Vergleich von Fassungen	■ frühe/spätere Gedichtfassung ■ Prosafassung/Versfassung ■ Gedicht, das als Vorlage für ein anderes dient

Möglichkeiten des Aufbaus

Die schriftliche Ausarbeitung des Textvergleichs kann auf drei verschiedene Arten erfolgen.

Vernetzter Textvergleich

Beide Texte werden parallel unter den vorgegebenen Gesichtspunkten analysiert. Dabei bilden die Vergleichsaspekte den roten Faden der Darstellung.

Vernetzter Textvergleich

Parallele Analyse von Text I und Text II

Vergleich von		mit
■ Aspekt I/1	►	■ Aspekt II/1
■ Aspekt I/2	►	■ Aspekt II/2
■ Aspekt I/3	►	■ Aspekt II/3

Beachte:

- Die Vergleichsaspekte müssen klar benannt werden.
- Keine Eigenheiten der jeweiligen Textgattungen dürfen unberücksichtigt bleiben.

Linearer Textvergleich I

Beide Texte werden unter den vorgegebenen Gesichtspunkten nacheinander interpretiert. In einem dritten Teil werden beide Texte systematisch miteinander verglichen.

Linearer Textvergleich II

Zunächst wird einer der beiden Texte im Hinblick auf die zentralen Aspekte interpretiert. Im Anschluss daran erfolgt die Interpretation des zweiten Textes mit direktem Bezug auf den ersten Text, sodass die Aspekte des Vergleichs in die Deutung des zweiten Textes miteinbezogen werden.

Linearer Textvergleich I

Teil 1: Analyse Text I

- Interpretation Aspekt I/1
- Interpretation Aspekt I/2
- Interpretation Aspekt I/3

Teil 2: Analyse Text II

- Interpretation Aspekt II/1
- Interpretation Aspekt II/2
- Interpretation Aspekt II/3

Teil 3: Vergleich Text I und Text II

- Zusammenfassung der Deutungsergebnisse aus Teil 1 und Teil 2
- Vergleich der übergeordneten Aspekte

Beachte:

- Wiederholungen vermeiden.
- Die Eigenheiten beider Texte sollen deutlich werden.

Linearer Textvergleich II

Teil 1: Analyse Text I

- Interpretation Aspekt I/1
- Interpretation Aspekt I/2
- Interpretation Aspekt I/3

Teil 2: Analyse Text II mit Bezug auf Text I

- Interpretation Aspekt II/1 unter Berücksichtigung von Aspekt I/1
- Interpretation Aspekt II/2 unter Berücksichtigung von Aspekt I/2
- Interpretation Aspekt II/3 unter Berücksichtigung von Aspekt I/3

Beachte:

- Der rote Faden der Interpretation soll erkennbar bleiben.
- Die Eigenheiten von Text II dürfen nicht verschwimmen.

Wörtliches Zitieren

Beim wörtlichen Zitieren ist Folgendes grundlegend zu beachten:

- Keine Veränderung des Wortlauts.
- Keine Veränderung der Rechtschreibung oder der Zeichensetzung.
- Übernahme von Hervorhebungen.
- Übernahme von Fehlern im Zitat und Hinweis darauf mit [sic].

Formen des wörtlichen Zitierens

- **Wörtliches Zitat:**
  doppelte Anführungszeichen

  Goethe schreibt: „Edel sei der Mensch, hilfreich und gut."
- **Zitat im Zitat:**
  einfache Anführungszeichen

  „Und er sagte zu ihr: ‚Wir sollten jetzt gehen.' "
- **Auslassungen:**
  Auslassungspunkte in eckigen Klammern

  „Sie saßen im Garten der Mutter, […] und tranken Kaffee."
- **Erläuterungen:**
  eckige Klammern

  „Sie [die Kinder] waren nicht zu sehen."
- **Titel:**
  Anführungszeichen

  Der Roman „Der Untertan" ist von Heinrich Mann.

Paraphrase (sinngemäßes Zitieren)

Nicht eigene Gedanken werden im Konjunktiv wiedergegeben.

Meyer geht davon aus, dass der Bildungsroman … gewesen sei.

Nachweis von Zitaten

- Zitierweise bei **Büchern**:
  Vorname, Name des Autors, Titel. (evtl.) Untertitel, (evtl.) Herausgeber, Auflage, Ort Erscheinungsjahr.
- Zitierweise bei **Zeitschriftenaufsätzen**:
  Vorname, Name des Autors, Titel. (evtl.) Untertitel, in: Zeitschriftentitel Jahrgang (Jahr), Seite.
- Die **abgekürzte Quellenangabe** steht in runden Klammern im Anschluss an das Zitat.

  (Meyer, 1999, S. 23) oder (Meyer, a.a.O., S. 23)
- Die **vollständige Quellenangabe** steht in einer Fußnote.

  Meike Meyer, Der Roman im 19. Jahrhundert, Frankfurt am Main 1999, S. 23.
- Beim **sinngemäßen Zitieren** wird die Quelle mit **„vgl."** angegeben.

  Vgl. Meyer, 1999, S. 23.

5

Für das Zitieren von **Internetseiten** gibt es keine einheitliche Regelung.
Üblich geworden ist:
- Internetadressen in alphabetischer Reihenfolge
- Angabe des Datums des jeweils letzten Abrufs

Zitierweise literarischer Texte

Gedichte	Dramen	epische Texte
Strophe, Vers	Akt/Aufzug, Szene/Auftritt, Verse/Zeilen	Seitenzahl, ggf. Zeile

6 Sachtextanalyse

Wichtige Begriffe

Sachtext	
Der Begriff bezeichnet Texte, die einen **hohen Informations- und Gebrauchswert** aufweisen. Sie sind mit einer bestimmten Intention verfasst, die maßgeblich für die Struktur des Textes ist.	*andere Bezeichnungen:* Gebrauchstext, nicht fiktionaler Text, pragmatischer Text.
Je nach Intention unterscheidet man **verschiedene Sachtextsorten**.	Bericht, Beschreibung, Tagebucheintrag, Essay, Kommentar, Glosse, Werbetext, politische Rede, Gebrauchsanleitung, Gesetzestext
Jede Sachtextsorte hat ihren **eigenen Stil und Aufbau** sowie einen **spezifischen Wortschatz**.	

Rede	
Zu den Sachtexten zählt auch die Rede. Sie ist eine **monologische Form** öffentlichen Sprechens. Sie hat einen Anlass und verfolgt meist ein bestimmtes Ziel.	Feier-, Festrede Gerichtsrede politische Rede

6.1 Analyse von Sachtexten

Die Analyse eines Sachtextes unterscheidet sich von der Analyse eines fiktionalen Textes in erster Linie dadurch, dass zur Erfassung der Intention und zur Beurteilung des Textes neben **textinternen Kennzeichen** wie Sprache oder Aufbau auch **textexterne Sachverhalte** (Art der Publikation u. Ä.) mit einbezogen werden müssen.

Grundlage der Sachtextanalyse ist das gründliche Lesen und Verstehen des Textes (↑ S. 171).

Aufbau einer Sachtextanalyse

Einleitung

- Die Angaben zum **Titel** beinhalten auch die Angabe des Erscheinungsortes, der Zeit bzw. der Bedingungen, unter denen der Text entstanden ist, und darüber hinaus die Art der Publikation.

  Beispiele: Buch, Artikel in einer Tageszeitung oder Fachzeitschrift, entstanden in Zeiten der Zensur
- Der **Autor** wird namentlich genannt und seine Situation erläutert, wenn es für den Text relevant ist.

  Beispiele: Bekanntheitsgrad, öffentliche Stellung, Weltanschauung
- Die **Textsorte** wird benannt und der Bezug zu möglichen Gestaltungsmitteln dieser Textsorte hergestellt.

  Beispiele: Kommentar, Glosse, Essay, Werbetext, Aufruf
- Der **Adressat** des Textes wird genannt. Hinweise auf den Adressaten gibt meist schon das Medium, in dem der Text erschienen ist.

  Beispiele: Massenpublikum, Fachpublikum, Verbraucher
- Das **Thema** wird genannt und der **Inhalt** kurz mit eigenen Worten zusammengefasst.

Hauptteil

- Der Text wird in **Sinnabschnitte** gegliedert und die Funktion der einzelnen Sinnabschnitte benannt.
  Beispiele: Informationen und Tatsachen, Thesen, Argumente und Beispiele, Prämissen und Folgerungen, Weiterführung eines Leitgedankens
- Die **Struktur und der gedankliche Aufbau** des Textes werden erläutert, indem die einzelnen Sinnabschnitte zueinander in Beziehung gesetzt werden.
- Die **zentrale Textaussage** wird herausgearbeitet und gegebenenfalls paraphrasiert.
- Die **sprachlichen und rhetorischen Mittel** werden herausgearbeitet (↑ S. 169 f.). Dabei wird auch untersucht, welche Funktion sie haben und ob sie im Hinblick auf die Textaussage und den Adressaten angemessen sind.
  Beispiele: Sprach- und Stilebene, Wortschatz, Satzbau
- Die **Intention** des Textes wird herausgearbeitet. Dabei werden die Textsorte, die Entstehungsbedingungen und der Adressat des Textes mit berücksichtigt. Die Untersuchung der sprachlichen und rhetorischen Mittel ermöglicht es, festzustellen, ob die Intention explizit formuliert ist oder zwischen den Zeilen steht.
  Beispiele: Information, Darstellung von Wirklichkeit, Erklärung, Begründung, Beeinflussung, Werbung

Schlussteil

Die **Analyseergebnisse** werden zusammengefasst, indem Bezüge zwischen Intention, gedanklicher Struktur und sprachlichen Mitteln hergestellt werden. Dabei kann der Text auch allgemein bewertet werden (Aufgabenstellung beachten!).

6.2 Analyse einer Rede

Redner und Adressat

Der Redner wendet sich in einer bestimmten Absicht an seine Hörer. Die Rückinformation durch die Hörer erfolgt durch **verbale** oder **nonverbale** Äußerungen.

Rückmeldung durch die Hörer

nonverbal	**verbal**
■ Mimik ■ Gestik: Handhaltung, Applaus ■ Ausdrucksformen des Körpers: Aufstehen, Verlassen des Raumes, Gähnen, Unruhe	■ Zurufe: bestätigend, zweifelnd ■ unspezifische Äußerungen: Lachen, Gemurmel ■ Zwischenfragen

Redeanlass und Redeformen

Nach der Tradition der antiken Rhetorik werden drei Arten der öffentlichen Rede unterschieden:

- **Feier- oder Festrede:** Sie erinnert an ein bestimmtes Ereignis oder wird zur Feier eines bestimmten Anlasses gehalten.
  Beispiele: Gedenkrede, Festansprache, Rede zur Preisverleihung, Begrüßung, Eröffnungsrede, Tischrede
- **Gerichtsrede:** Sie wird vor Gericht gehalten.
  Beispiele: Plädoyer des Verteidigers oder Staatsanwalts, Schlusswort des Angeklagten
- **Politische Rede:** Sie setzt sich mit strittigen Fragen auseinander und zielt darauf, die Hörer im Sinne einer politischen Position zu überzeugen. Sie beinhaltet auch die kritische Auseinandersetzung mit der Position des Gegners.
  Beispiele: Wahlrede, Parlamentsrede, Regierungserklärung, Fernsehansprache

Weitere Formen des öffentlichen Sprechens sind das **Referat,** der (**Fach-**)**Vortrag,** das **Hearing,** das **Statement.**

Analyse einer Rede

Redesituation

- Die Angaben über den **Redner** betreffen seine äußere Erscheinung, sein Auftreten, seine Funktion oder Position, seine Wertvorstellungen.
  Beispiele: dem Redeanlass oder dem Ort entsprechend passend/unpassend gekleidet, sicheres/unsicheres Auftreten, in der Funktion als Kanzler oder als Parteivorsitzender
- **Redeanlass** (↑ S. 167)
- Die Angaben zum **Ort** beziehen sich neben der reinen Ortsangabe auch auf die Raumgestaltung.
  Beispiele: Platzierung des Rednerpultes, Ausschmückung des Raumes etwa durch Fahnen, Spruchbanner oder Blumen
- Die Angaben zum **Adressaten** sind notwendig, um untersuchen zu können, ob und wie sich der Redner auf sein Publikum einstellt.
  Beispiele: Fach- oder Laienpublikum, kritisches/unkritisches Publikum, homogenes/heterogenes Publikum in Bezug auf Bildung, Weltanschauung, politische oder religiöse Gesinnung
- Die eingesetzten **Medien** werden zunächst benannt, hinsichtlich ihrer Wirkung erläutert und dann in ihrer Angemessenheit bewertet.
  Beispiele: Overheadprojektor, Musik, Filme

Inhalt / Thema der Rede

Zunächst wird der **Sachverhalt** allgemein erläutert. Anschließend werden die **Kernaussagen und Thesen** benannt.

Redeabsicht

Die Wirkung, die der Redner erzielen will, wird erläutert und bildet den Bezugspunkt für weitere Aspekte der Analyse.
Beispiele: Information, Belehrung, Darstellung der eigenen Position, Angriff auf die gegnerische Position, Manipulation des Adressaten, Anregung zum Nachdenken, Beschwichtigung, Dramatisierung

Argumentationsstruktur

- Die **inhaltliche Gliederung** in Einleitung, Hauptteil und Schlussteil wird erläutert.
- Die **Anordnung der Argumente** wird untersucht.
  Beispiele: lineare Anordnung der Argumente, entweder vom Wichtigeren zum Unwichtigeren oder umgekehrt
- Die **Veranschaulichung** der Argumente durch **Beispiele und Belege** wird erläutert und deren Auswahl daraufhin untersucht, inwieweit sie treffend oder passend ist.
  Beispiele: Beispiele, Studien, Forschungsergebnisse; eine aussagekräftige Statistik, eine repräsentative Umfrage zu diesem Thema
- Bei der **Gestaltung der Gedankenführung** wird die Entwicklung des gesamten Gedankengangs auf ihre Schlüssigkeit hin untersucht.
  Beispiele: logische oder assoziative Gedankenführung, Abschweifungen vom Thema, Verlieren im Detail
- Die mit der Argumentationsstruktur erzielte **Wirkung** wird erläutert und zur Intention der Rede in Beziehung gesetzt.

Sprache und rhetorische Mittel

Die Angaben zur **sprachlichen Gestaltung** betreffen die Art des Satzbaus und die Sprachebene. Es wird untersucht, welche Wirkung sie erzielen und ob sie im Hinblick auf Adressat, Redeanlass und -intention angemessen sind.

Beispiele: Parataxe (Satzreihung), Hypotaxe (Satzgefüge), auffällig häufige Verwendung einer Satzart, hohes Sprachniveau, Verwendung von Umgangssprache und Dialekt, Verwendung von Fachbegriffen, Fremdwörtern, Schlagwörtern, Modewörtern

Die **rhetorischen Mittel** (↑S. 216 f.) werden benannt und hinsichtlich ihrer Wirkung erläutert. Dabei wird der Bezug zur Redeabsicht hergestellt.
Beispiele: Rhetorische Mittel können verstärkend und unterstreichend wirken, Kontakt zum Hörer aufbauen oder die gegnerische Position herabsetzen: Werden etwa viele Metaphern aus dem Bildbereich „Feuer und Brand" verwendet, wird eine Bedrohungskulisse aufgebaut.

Redeweise

Zunächst wird die **Stimme** des Redners untersucht.
Beispiele: flüssiges/stockendes Sprechen, Variationen in Lautstärke und Tempo, rhythmisierter Vortrag: Sprechpausen
Die dadurch erzielte Wirkung wird erläutert und unter Berücksichtigung von Redeanlass und Redeabsicht bewertet.

Die **Gestik und Mimik** des Redners wird in ihrer Intensität beschrieben und in ihrem Bezug zur Redeabsicht erläutert.
Beispiele: großes/kleines Repertoire an Gesten, spärlich/häufig eingesetzte Gesten, ausdrucksstarke Mimik

Abschließende Zusammenfassung

Auf der Grundlage der Analyse wird die **Gesamtwirkung** auf die Hörer dargestellt. Dabei wird v. a. der Zusammenhang zwischen der Redeabsicht und der Angemessenheit in der Wahl der verschiedenen Gestaltungsaspekte hergestellt. Die Reaktion des Redners auf die verbalen und nonverbalen Rückmeldungen der Hörer (↑S. 167) fließen in diese Darstellung ein.

Die abschließende **persönliche Wertung** thematisiert die Frage, ob Redner und Rede dem Redeanlass gerecht werden.

Genaue Themenerfassung

- Was ist verlangt?
- Analyse des gesamten Textes ODER Analyse von Teilaspekten?

Aktives Lesen des Textes

Die Untersuchung des Textes erfolgt in mehreren Lesedurchgängen, die jeweils unter unterschiedlichen Aspekten vorgenommen werden:

- **unbekannte Wörter** im Lexikon/Wörterbuch nachschlagen.
- **Schlüsselbegriffe** unterstreichen.
- **Randzeichen** und (farbige) **Textmarkierungen** verwenden.
- In **Sinnabschnitte** gliedern (gegebenenfalls nummerieren) und mit einer **Überschrift** versehen.

Zeit 1. Die Commedia dell'Arte entstand Mitte des 16. Jh. in Italien.

Kennzeichen 2. Als Stegreifkomödie war der Spieltext nur in Handlungsverlauf und Szenenfolge festgelegt. Die Dialoge wurden mithilfe eines Repertoires von Monologen und Dialogen improvisiert. Die Darsteller waren ?

Darsteller 3. Berufsschauspieler, deren Angebot gefallen musste (…).

- Ergebnisse in Stichpunkten festhalten.
- Eventuell eine Strukturskizze anlegen.

7 Erörterung

Wichtige Begriffe

Erörterung Eine Erörterung ist eine schriftliche Form der **Argumentation.** Mit ihr wird das Für (Pro) und Wider (Kontra) eines Sachverhalts, einer Fragestellung oder eines Problems abgewogen.	*Formen:* textgebundene Erörterung, freie/textungebundene Erörterung
These Der Begriff bezeichnet eine **Behauptung**, die bewiesen werden muss.	Die Schulzeit in Deutschland muss auf zwölf Jahre verkürzt werden.
Argument Der Begriff bezeichnet alle Aussagen, die eine Behauptung oder eine These einleuchtend **begründen** können.	Denn die deutschen Schüler sind zu Beginn des Studiums wesentlich älter als in anderen Ländern.
Beispiel Das Beispiel dient der **Veranschaulichung** eines Arguments.	In Deutschland sind die Schüler beim Verlassen der Schule im Schnitt x Jahre älter als in Frankreich.

7.1 Erörtern und Argumentieren

Argumentationsstruktur

In einer Argumentation werden Aussagen in einer sich logisch entwickelnden Abfolge zu einem zwingenden Schluss geführt. Den Aussagen kommen verschiedene Funktionen als **These, Argument** oder **Beispiel** zu.

Eine These kann durch eine **Antithese** (Gegenthese) oder Einwände in Zweifel gezogen werden. Ebenso können Argumente als nicht stichhaltig oder einleuchtend zurückgewiesen werden.

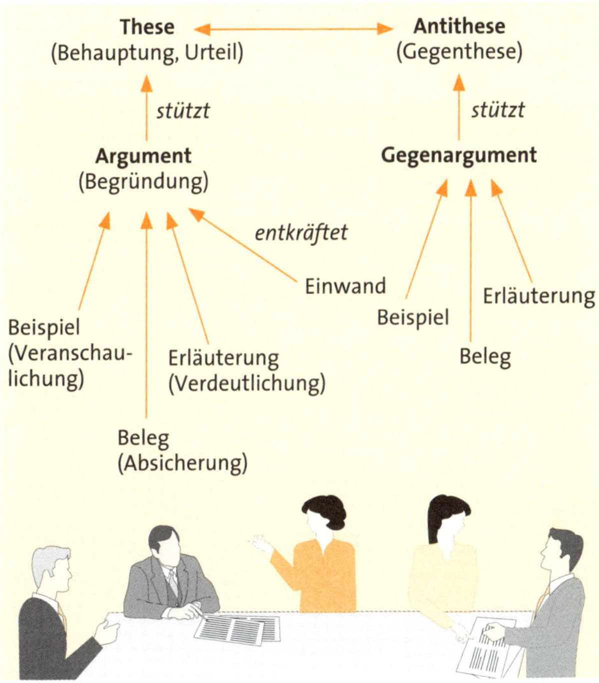

7

7.2 Textgebundene Erörterung

Textanalyse		Erörterung
Schwerpunkt: Analyse von Form und Gestaltung des Textes	⇒	**Voraussetzung:** Analyse der Kernstellen des Textes **Schwerpunkt:** Text als Gegenstand der schriftlichen und argumentierenden Auseinandersetzung

Erörterung von Sachtexten

Es geht bei der Erörterung eines Sachtextes (↑ S. 164) um Problemverständnis, Problemerarbeitung und Problemwertung.
Beispiel: Erörtern Sie die im Text angesprochene Problematik: Arbeiten Sie Kernaussagen heraus; setzen Sie sich kritisch mit den Thesen und Argumenten auseinander und nehmen Sie Stellung zur Problematik.
Daraus ergibt sich folgender **Aufbau:**

Einleitung

Neben den Angaben des **Titels** und des **Verfassers** enthält die Einleitung eine knappe Einführung in die **Thematik** und eine klare Formulierung des im Text enthaltenen **Problems.**

Hauptteil

Erster Teil: In der **Argumentationsanalyse** des Textes wird die zentrale Problemstellung herausgearbeitet.

- Dabei werden die Kernthesen zusammengefasst und mit eigenen Worten wiedergegeben.
- Die gedanklichen Zusammenhänge werden kurz erläutert.

Zweiter Teil: Die im ersten Teil herausgearbeiteten Kernthesen bilden die Grundlage für die **kritische Auseinandersetzung** mit der Position des Autors.

Es gibt drei alternative Möglichkeiten, zu den Thesen des Autors Stellung zu nehmen:

- **Begründete Ablehnung:** In der Argumentation werden Schwächen nachgewiesen und Gegenargumente formuliert (↑ S. 176).

  Beispiel 1: Einzelne Thesen werden in Frage gestellt oder ihre Gültigkeit eingeschränkt, einzelne Argumente werden als nicht stichhaltig entkräftet.

  Beispiel 2: Voraussetzungen (Prämissen) werden in Frage gestellt, die Argumentationsstruktur wird auf ihre Schlüssigkeit hin untersucht und die Verlagerung von Schwerpunkten oder Widersprüche werden aufgedeckt.
- **Begründete Zustimmung:** Die Argumentation wird zusätzlich gestützt.

  Beispiele: Zusätzliche Argumente, die die Thesen stützen können, weitere passende Beispiele und Belege werden angeführt, mögliche Gegenpositionen und Einwände werden zurückgewiesen und entkräftet.
- **Teilweise Zustimmung:** Die Thesen, denen zugestimmt wird, werden zusätzlich gestützt, die Ablehnung von Thesen wird begründet, Gegenthesen werden formuliert.

Schlussteil

Im Schlussteil wird ein **Fazit** gezogen. Daran können sich weitergehende Überlegungen anschließen.

- Die **Untersuchungsergebnisse,** die Position des Autors und die eigene Meinung werden kurz zusammengefasst und nochmals präzisiert.
- Die **Überzeugungskraft** des Textes wird bewertet.
- Ein **Ausblick** kann auf mögliche Folgen oder den Zusammenhang mit aktuellen Problemen hinweisen.

Damit eine Erörterung überzeugend ist, muss der Gedankengang klar aufgebaut und formuliert sein. Dazu müssen die einzelnen Argumente logisch und sinnvoll zueinander in Beziehung gesetzt werden. Dabei helfen Konjunktionen, Adverbien oder feste Wendungen.

Argumente mit Konjunktionen und Adverbien	**Argumente mit feststehenden Wendungen**
kausal (Begründung)	
denn, weil, da	Der Grund dafür ist ... ... liegt begründet in
konsekutiv (Folgerung)	
daher, deshalb, infolgedessen, sodass, folglich, demzufolge	Aus ... folgt,
konditional (Bedingung)	
wenn, falls, andernfalls	Dies setzt voraus, hängt davon ab
konzessiv (Einräumung)	
obwohl, auch wenn, wenngleich, trotz, trotzdem	Man muss zugeben, einräumen
final (Ziel, Absicht)	
damit, um zu	Ziel ist, ..., ... bezweckt, in der Absicht ...
adversativ (Entgegensetzung)	
aber, jedoch, wohingegen, umgekehrt	Im Gegensatz dazu, ...

Literarische Erörterung

Die literarische Erörterung befasst sich mit Problemstellungen der Literatur und der Literaturwissenschaft. Die Grundlage der Aufgabenstellung bildet meist ein **literarischer Text.**

Beispiel: Untersuchen Sie die soziale Rolle der Person X im vorliegenden Text. Erörtern Sie, inwieweit diese Rolle exemplarisch für die Entstehungszeit des Textes ist.

Als Textgrundlage können vollständige Texte (Gedichte, Parabeln) oder Ausschnitte verwendet werden. Für die literarische Erörterung ergibt sich folgender Aufbau:

Einleitung

Die Einleitung enthält folgende Angaben:

- **Titel** der literarischen Vorlage,
- Angaben zum **Verfasser,**
- Einordnung in eine **literarische Epoche.**

Ausführungen zur Epoche (Epochentypisches) und über die Namensnennung hinausgehende Angaben zum Verfasser sollten nur dann gemacht werden, wenn ein sachlicher Zusammenhang zur Problemstellung gegeben ist.

Hauptteil

Erster Teil: In der **Textanalyse** (↑ S. 150 ff.) werden strukturelle, inhaltliche und stilistische Aspekte unter einer vorgegebenen Fragestellung herausgearbeitet.

Zweiter Teil: Für die **Erörterung der Problemstellung** bilden die Ergebnisse der Textanalyse den Ausgangspunkt.

- Thesen werden selbstständig entwickelt.
- Die zur Stütze der Thesen notwendigen Belege müssen inhaltlich und formal sinnvoll ausgewählt sein.

  Beispiele: Kernstellen, Schlüsselwörter, Vermeidung von langen Zitaten

- Auch über die Textgrundlage hinausgehende Belege werden einbezogen.
  Beispiel 1: literarisches Wissen etwa über Gattungen, Epochen, Autoren.
  Beispiel 2: Vergleich mit anderen Texte, die entweder im Unterricht behandelt worden sind oder aus eigener Lektüre bekannt sind.

Stil: Die Gedankenfolge muss klar und logisch sein. Die Sprache ist sachlich.

Schlussteil

Der Schlussteil kann unterschiedlich gestaltet sein:

- Die Ergebnisse können noch einmal in knapper Form zusammengefasst werden.
- Die Ergebnisse können in einen größeren Zusammenhang eingeordnet werden.
  Beispiele: Bezug zu einem anderen Werk oder einer anderen Epoche herstellen, Bedeutung des Problems für die Zeit des Autors ansprechen
- Es kann ein Gedanke angeführt werden, der über die Problemstellung hinausgeht und andere oder neue Aspekte knapp umreißt.
  Beispiel: Bedeutung der Problematik für die Gegenwart oder die Zukunft

7.3 Freie Erörterung

In der freien Erörterung wird ein Thema **unabhängig von einer Textvorlage** behandelt.
Beispiele: Sollte die Buchpreisbindung aufgehoben werden? Soll die Schulzeit in Deutschland auf zwölf Jahre verkürzt werden?

Die Problemstellung ist eine Entscheidungsfrage und erfordert die **Darstellung der kontroversen Standpunkte.** Diese Darstellung kann im Block erfolgen oder in der laufenden Gegenüberstellung von These und Antithese.

Einleitung: Bedeutsamkeit der Problemstellung

Hauptteil: Darstellung im Block

These
Argument 1 und Beispiel
Argument 2 und Beispiel
Argument 3 und Beispiel

Antithese
Argument 1 und Beispiel
Argument 2 und Beispiel
Argument 3 und Beispiel

oder
Darstellung in der laufenden Gegenüberstellung

These		**Antithese**
Argument 1 und Beispiel	→	Gegenargument 1 und Beispiel
Argument 2 und Beispiel	→	Gegenargument 2 und Beispiel
Argument 3 und Beispiel	→	Gegenargument 3 und Beispiel

Schlussteil:
Über die Problemstellung hinausführender Ausblick
Zusammenfassende Darstellung/persönliche Stellungnahme

8 Kreatives Schreiben

Wichtige Begriffe

Kreatives Schreiben	
Das kreative Schreiben ist eine Form der Auseinandersetzung mit Texten. Es ist ein **produktionsorientiertes Verfahren.**	
Zwei Formen des kreativen Schreibens werden unterschieden: ■ Das **freie Schreiben** verzichtet auf eine Textvorlage. Der Schreiber entscheidet vielmehr selbst über Themen, Inhalte oder Formen.	Tagebuch schreiben, Gedichte zu selbstgewählten Themen
■ Das **gestaltende Interpretieren** nutzt hingegen eine Textvorlage.	Erzählungen, Märchen, Kurzgeschichten, Gedichte, Dramen(szenen)
Es dient dazu, einen literarischen Text durch eine gestaltende Antwort zu erschließen. Dabei darf die Textvorlage nicht einfach nur als Schreibanlass eines eigenen Textes angesehen werden. Vielmehr muss der eigene Text auf einem überprüfbaren Textverständnis der Textvorlage basieren.	Wechsel der Perspektive (↑ S. 181), Brief (↑ S. 182), rückblickende Erinnerung (↑ S. 183)

8.1 Produktive Interpretation eines Prosatextes

Bei der produktiven Interpretation eines Prosatextes werden literarische Texte als Ausgangstext genutzt und bearbeitet. Dies geschieht durch:

- **Umschreiben des Textes**

  Beispiel 1: Zu einem Text wird ein neuer Schluss oder Anfang geschrieben.

  Beispiel 2: Eine erzählte Situation wird in einen Dialog umgeschrieben.

  Beispiel 3: Eine Situation wird aus der Sicht einer anderen Person beschrieben.

- **Erweitern des Textes**

  Beispiel 1: Zu einer Textstelle wird ein Tagebucheintrag aus der Sicht einer Figur verfasst.

  Beispiel 2: An einer bestimmten Textstelle wird ein fiktives Gespräch arrangiert.

  Beispiel 3: Es wird eine Begegnung zwischen zwei Figuren fingiert, die sich über die Ereignisse unterhalten.

Indem der Text an bestimmten Stellen verändert oder erweitert wird, treten **Strukturen, inhaltliche Aspekte** oder die **Intention** des Ausgangstextes deutlicher hervor.

Wechsel der Perspektive

Wechsel der Erzählperspektive	Wechsel der Erzählhaltung	Wechsel der Sicht einer Person
auktorial → personal (↑ S. 123 f.)	neutral → ironisch	Streitgespräch aus der Sicht einer der beteiligten Personen

Durch einen Wechsel der Perspektive werden die Effekte und Wirkungen deutlich, die durch die vom Autor gewählte Perspektive erzielt werden.
Beispiel 1: Eine Situation wird aus der Sicht einer der Figuren in der Ich-Form oder durch Einfügen innerer Monologe beschrieben.
Beispiel 2: Ein Streit wird aus der Sicht eines Unbeteiligten dargestellt.
Beispiel 3: Eine Situation wird durch das Einfügen von Erzählerkommentaren bewertet.

Tipps zur Vorgehensweise

Wechsel der Perspektive

- ☐ Der Ausgangstext wird genau gelesen, sodass alle Erzählschritte und die Erzählperspektive erfasst sind.
- ☐ Im neu erstellten Text müssen der Wechsel der Perspektive konsequent durchgehalten und alle Erzählschritte berücksichtigt werden.

Brief oder Tagebucheintrag

Eine Figur schreibt einen Brief an jemanden oder verfasst einen Tagebucheintrag, in dem sie von einem bestimmten Ereignis oder einem Gespräch berichtet. Auf diese Weise lässt man die Figur persönliche Empfindungen, Sichtweisen oder Gründe für ihr Verhalten mitteilen.
Beispiel 1: Nach einem Streit schreibt eine der Figuren einen Brief an den Streitpartner.
Beispiel 2: Eine Figur schreibt an einen Freund oder eine Freundin und berichtet von dem Streit.
Beispiel 3: Nach einem Liebesgeständnis verfasst eine Figur einen Tagebucheintrag oder einen Brief, um sich über ihre Gefühle klar zu werden.

Tipps zur Vorgehensweise

Verfassen eines Briefes oder Tagebucheintrags

- Auf der Grundlage des Ausgangstextes wird zunächst das Persönlichkeitsbild der Figur erstellt.
- Dazu werden Kernstellen herausgearbeitet, auf die in dem Brief oder Tagebucheintrag Bezug genommen werden kann.
- Der Text steht in der Ich-Form, er bringt eine subjektive Sicht des Geschehens, die Sprache kann emotional sein.

Rückblickende Erinnerung

In der rückblickenden Erinnerung wird die literarische Fiktion fortgesetzt: Das Geschehen wird mit zeitlicher Distanz aus der Sicht einer oder mehrerer beteiligter Figuren noch einmal reflektiert. Dabei werden Motive und Beweggründe für bestimmte Handlungsweisen oder Äußerungen herausgearbeitet.
Beispiel 1: Die früher an einem Gespräch beteiligten Personen treffen sich, um über das damalige Gespräch zu reden.
Beispiel 2: Eine Figur erinnert sich an eine Person von damals und schildert sie aus ihrer Sicht.

Tipps zur Vorgehensweise

Verfassen einer rückblickenden Erinnerung

- Der Ausgangstext wird unter dem Aspekt der Motive und Beweggründe der Figur oder Figuren analysiert.
- Kernstellen werden herausgearbeitet, die die Grundlage für die rückblickende Erinnerung bilden.
- Der Ausgang einer Begebenheit, der durch die zeitliche Distanz bekannt ist, muss ebenfalls berücksichtigt werden.
- Entsprechend der Konstellation der sich erinnernden Personen wird die äußere Form gewählt: Monolog bei der Erinnerung einer Person, Dialog bei mehreren Personen.

Gegentext

Der Text wird ganz oder ab einer für das Gesamtgeschehen bedeutsamen Stelle neu geschrieben, indem eine erzählerische Entscheidung geändert wird.

Die Auswirkungen dieser Entscheidung verändern das gesamte Handlungsgefüge, sowohl die äußere Struktur einer Geschichte und ihren Ausgang als auch das Auftreten und Verhalten der Figuren und ihr jeweiliges Persönlichkeitsmuster.

Beispiel 1: An der entscheidenden Stelle reagiert eine Figur anders als im Ausgangstext: Sie handelt genau entgegengesetzt, verschweigt Informationen oder gibt andere preis.

Beispiel 2: Ein Gespräch wird dadurch unterbrochen, dass die Person, über die gesprochen wird, den Raum betritt.

Beispiel 3: Eine Figur wird neu eingeführt oder gestrichen.

Tipps zur Vorgehensweise

Verfassen eines Gegentextes

- Die Kernstelle des Ausgangstextes, an der die Änderung ansetzen soll, wird analysiert, indem die einzelnen Folgen und Konsequenzen, die sich aus ihr ergeben, herausgearbeitet werden.
- Nach der Änderung der erzählerischen Entscheidung muss die Änderung, die sich daraus für jede Folge ergibt, herausgearbeitet und im Gegentext berücksichtigt werden.

8.2 Produktive Interpretation eines Gedichts

Bei der produktiven Interpretation von Gedichten werden einzelne Gedichtteile als Ausgangspunkt des kreativen Gestaltens verwendet.

Durch den Vergleich mit dem Ausgangsgedicht treten inhaltliche und formale Gestaltungsmerkmale hervor. So wird der Zusammenhang zwischen der Wirkung einzelner Elemente und der Aussageabsicht deutlich.

Beispiel 1: Wortwahl und Wortfelder, Sprachbilder

Beispiel 2: Gedankenaufbau

Beispiel 3: Stropheneinteilung und Verseinteilung

Antizipation

Bei dieser Form der produktiven Interpretation eines Gedichts werden zu einem Gedichttitel ohne Kenntnis des Ausgangsgedichtes eigene Überlegungen angestellt und Assoziationen entwickelt oder Gedichte verfasst.

Der Vergleich des eigenen Gedichts mit dem originalen Gedicht wirft die Frage auf, welche **Intention** der Dichter hat, wenn er die Vorerwartung, die von dem Titel ausgeht, erfüllt oder nicht erfüllt.

Beispiel: Der Gedichttitel „Schöne Jugend“ (Gottfried Benn, 1912) lässt nicht die Beschreibung von Ratten, die in einer Mädchenleiche „wohnen“, vermuten.

Lücken füllen

Bei dieser Form der Gedichtinterpretation sind einige Wörter ausgelassen, die ergänzt werden sollen. Dabei kann man

- aus vorgegebenen Möglichkeiten auswählen oder
- eigene Vorschläge einfügen.

Beispiel: Heinrich Heine, „Die schlesischen Weber“ (1844):

> *Im lachenden/düstern/traurigen Auge keine Träne,*
> *Sie sitzen am Webstuhl und zeigen/fletschen die Zähne*

Die Wörter „lachend“ und „zeigen“ erzeugen eine andere Atmosphäre als „düsteren“ und „fletschen“.

Beim Füllen von Lücken in Gedichten ist Folgendes zu beachten:

- Um möglichst passende Wörter zu finden, muss die Textumgebung der Lücke beachtet werden.
- Die Stimmung oder Atmosphäre des Gedichts ist wichtig für die Wortwahl und muss deshalb herausgearbeitet werden.

Kreatives Schreiben beruht auf

Einsicht in die Struktur und Intentionen eines Textes → Fantasie

Vor dem Schreiben

Der **Ausgangstext** muss gründlich gelesen werden, damit er in der Abfolge aller Erzählschritte und auch in Details bekannt ist.
Der **Schreibauftrag** muss gründlich gelesen und der neu zu gestaltende Aspekt in der Auswirkung auf den Ausgangstext erfasst werden.

Das Schreiben

Die Aspekte, die bei der Erstellung des eigenen Textes besonders beachtet werden müssen, hängen vom jeweiligen Schreibauftrag ab. Allgemein gilt:

- Die **Darstellung der Figuren** muss stimmig sein:
  - Kommentierungen und Handlungen von Figuren müssen sich im Rahmen dessen bewegen, was der Ausgangstext vorgibt.
  - Charaktermerkmale, die hinzugefügt werden, dürfen nicht zu einer Verschiebung des Charakters führen. Dazu gehört auch, dass die Redeweise der Figur angepasst sein muss.
- Die grundlegenden **Ereignisse, Personenkonstellationen oder Stimmungen** (Lyrik) des Ausgangstextes müssen auch im eigenen Text berücksichtigt werden.
- Die **Sprache** und der **Stil** werden dem Ausgangstext angepasst und müssen dann auch durchgehalten werden, damit es nicht zu einem Stilbruch kommt.
- Bei einem **Wechsel der Textsorte** müssen die formalen, sprachlichen und stilistischen Kennzeichen dieser Textsorte beachtet werden.

1 Der Prüfungsstoff

Vor 1700

Lyrik des Barock
- barocke Literatursprache ↑ S. 32
- Themen und Motive ↑ S. 33
- Gedichtform ↑ S. 33

Sprache und Sprechen

- Zeichen- und Kommunikationsmodelle von Sprache ↑ S. 7, 10
- Sprachwandel: vom Althochdeutschen bis zur Gegenwartssprache ↑ S. 16
- Sprachvarietäten und Besonderheiten neuer Kommunikationsformen ↑ S. 23

Literarische Gattungen

- Lyrik ↑ S. 109
- Epik ↑ S. 122
- Dramatik ↑ S. 133

Sachtexte/Erörterung

- Aufbau und Analyse von Sachtexten ↑ S. 164
- Redeanalyse ↑ S. 167
- textgebundene- und freie Erörterung ↑ S. 174

Gegenwartsliteratur

Nachkriegsliteratur: 1945–1960 ↑ S. 84
- traditionelle – neue Dichtungsweisen
- politische, geografische und poetologische Unterscheidungen von Gedichten
- Themen: Heimatverlust und Exil

Literatur der DDR ↑ S. 88

Deutschsprachige Literatur der Schweiz und Österreichs ↑ S. 92

Postmoderne Literatur ↑ S. 96

Was kann drankommen?

18./19. Jahrhundert

Empfindsamkeit und Aufklärung
- geschichtliche und philosophische Grundlagen ↑ S. 35
- Literatur der Aufklärung ↑ S. 37
- bürgerliches Trauerspiel ↑ S. 37

Klassik
- ideengeschichtliche Grundlagen der Weimarer Klassik ↑ S. 45
- Lyrik von Goethe und Schiller ↑ S. 48
- Autoren im Umkreis der Weimarer Klassik ↑ S. 49
- Klassik und Antike: Antikenrezeption und Menschenbild ↑ S. 50

Sturm und Drang
- Epochenvergleich Aufklärung – Sturm und Drang ↑ S. 40
- Naturvorstellung und Geniebegriff ↑ S. 41
- Merkmale/Besonderheiten von Drama, Gedicht und Roman ↑ S. 41

Romantik
- literaturtheoretische Grundlagen ↑ S. 53
- Motive der romantischen Dichtung ↑ S. 54
- literarische Formen ↑ S. 56

Junges Deutschland, Vormärz, Biedermeier
- historischer Hintergrund und Vergleich der literarischen Strömungen Junges Deutschland – Biedermeier ↑ S. 57
- politische Literatur ↑ S. 63

Realismus und Naturalismus
- historischer Hintergrund ↑ S. 64, 66
- Kennzeichen der Literatur ↑ S. 64, 66

19./20. Jahrhundert

Literatur und Autoren der Jahrhundertwende ↑ S. 68

Expressionismus
- Lebensgefühl der Vertreter des Expressionismus in Literatur, bildender Kunst und Musik ↑ S. 72
- Kennzeichen und Themen ↑ S. 72

Literatur und literarische Bedingungen in der Weimarer Republik und während des Zweiten Weltkriegs
- avantgardistische Strömungen des Dadaismus und Surrealismus ↑ S. 75
- Neue Sachlichkeit ↑ S. 76
- Bertolt Brecht und das epische Theater ↑ S. 78
- Exilliteratur ↑ S. 81

2 Die Prüfungsklausur

2.1 Inhalt und Aufbau einer Klausur

Im Fach Deutsch bezieht sich die schriftliche Abiturklausur i.d.R. auf auf einen oder mehrere Texte. Zur Auswahl stehen bei sprachlichen Texten
- ein oder mehrere fiktionale Texte oder
- ein Sachtext.

Je nach Aufgabenstellung wird eine Interpretation des Textes, eine Analyse des Textes oder eine Erörterung verlangt. Die Texte können auch miteinander kombiniert werden, sodass sich beispielsweise folgende Aufgabenstellungen ergeben können:
- Interpretation eines literarischen Textes,
- vergleichende Analyse eines literarischen Textes und eines medialen Textes,
- Analyse eines medialen Textes,
- vergleichende Analyse eines literarischen Textes und eines Sachtextes.

Ebenso gut können aber auch Aufgaben zu Hörmedien, audiovisuellen Medien oder Abbildungen (Fotos, Karikaturen) gestellt werden.

Thematisch bezieht sich die auszuwählende Abituraufgabe auf die Qualifikationsphase und die hierfür ausgewiesenen Schwerpunktthemen, d.h. auf
- Literatur vor 1700,
- 18./19. Jahrhundert,
- 19./20. Jahrhundert,
- Gegenwartsliteratur,
- Sprache, Denken, Wirklichkeit.

Die Aufgaben greifen unterschiedliche Themen aus diesen inhaltlichen Vorgaben auf. Da die Aufgaben über den jeweiligen Schwerpunkt hinaus jedoch Bezüge zu anderen Themen herstellen, setzt eine erfolgreiche Bearbeitung der Abituraufgabe Wissen zu verschiedenen Themen voraus. Eine Beschränkung auf einzelne, isolierte Themenschwerpunkte ist auch für eine geringere Punktzahl nicht ausreichend.

Die Aufgabenstellung in der Klausur setzt sich aus mehreren Teilaufgaben zusammen. Die Teilaufgaben

- weisen unterschiedliche Schwierigkeitsgrade auf.
- beziehen sich zunächst auf die Textgrundlage, dann auf den literarischen oder historischen Epochenzusammenhang.
- entsprechen meist **drei** unterschiedlichen **Anforderungsbereichen (AFB),** die aufeinander aufbauen. Manchmal können sie einem Anforderungsbereich nicht eindeutig zugeordnet werden, sondern stellen eine Mischform dar.
- unterscheiden sich hinsichtlich der erzielbaren Punkte, wobei die meisten im AFB II erreichbar sind.

Anforderungsbereiche (AFB)

Anforderungsbereich	Bedeutung	erreichbare Punktzahl in %
AFB I: Reproduktion	Wiedergeben, beschreiben, darstellen	ca. 20–30%
AFB II: Reorganisation und Transfer	Selbstständig auswählen, anordnen, verarbeiten, darstellen, auf neue Situationen übertragen	ca. 40–60%
AFB III: Reflexion und Problemlösung	Komplexe Gegebenheiten planmäßig verarbeiten, eigene Urteilsfähigkeit ist wesentlich	ca. 20–30%

2.2 Die Operatoren

Aus den Aufgabenstellungen einer Klausur gehen Art und Umfang der geforderten Leistung hervor. Die Aufgaben werden i. d. R. mithilfe von sog. Operatoren formuliert. Das sind **Arbeitsanweisungen,** denen bestimmte Anforderungsbereiche entsprechen. Sie liefern wichtige Hinweise auf die Tätigkeiten, die beim Bearbeiten der Aufgabe von Ihnen erwartet werden. Man sollte daher auf den genauen Wortlaut der Operatoren achten.

Anforderungsbereich I: Reproduktion

Operator	Bedeutung
Nennen Sie … *Bestimmen Sie …* *Zählen Sie … auf*	Zielgerichtet Informationen, Aspekte eines Sachverhalts darstellen, ohne zu erläutern oder zu kommentieren
Stellen Sie dar … *Zeigen Sie …* *Beschreiben Sie …* *Geben Sie wieder …* *Skizzieren Sie …*	Textaussagen oder Sachverhalte auf das Wesentliche reduziert darstellen, in eigenen Worten strukturieren und fachsprachlich richtig beschreiben
Fassen Sie zusammen …	Zusammenhänge erkennen, wesentliche Aussagen strukturiert und fachsprachlich angemessen wiedergeben

Anforderungsbereich II: Reorganisation und Transfer

Operator	Bedeutung
Erschließen Sie … *Untersuchen Sie …*	Texte, Textaussagen, Problemstellungen, Bildvorgaben oder Filmsequenzen unter einem vorgegebenen Blickwinkel untersuchen

Operator	Bedeutung
Charakterisieren Sie ...	Eigenart von Texten, Textaussagen oder auch literarischen Figuren bestimmen und beschreiben
Ordnen Sie ... ein	Einzelne Aspekte, Sachverhalte, Äußerungen in einen bestimmten Kontext einbetten
Erklären Sie ...	Sachverhalt in einen Zusammenhang einordnen und begründen; dabei Textaussagen, Sachverhalte differenziert darstellen und durch zusätzliche Informationen und Beispiele veranschaulichen
Arbeiten Sie heraus ... *Stellen Sie dar ...*	Sachverhalte und Zusammenhänge herausstellen und Analyseergebnisse sachlich, strukturiert und fachsprachlich richtig formulieren
Vergleichen Sie ... *Setzen Sie zueinander in Beziehung...*	Texte, Textaussagen, Problemstellungen, Sachverhalte unter bestimmten Kriterien gegenüberstellen, dabei Gemeinsamkeiten und Unterschiede herausstellen

Anforderungsbereich III: Reflexion und Problemlösung

Operator	Bedeutung
Analysieren Sie ...	Funktion und Intention eines Textes erfassen, beschreiben und deuten; typische textbildende Elemente untersuchen und kritisch reflektieren, ggf. am Schluss werten
Beurteilen Sie ...	Text, Textaussage, ästhetische Qualität eines Textes oder Problematik mithilfe von Fachwissen sachlich beurteilen bzw. begründen

Anforderungsbereich III (Fortsetzung)

Operator	Bedeutung
Bewerten Sie ... *Nehmen Sie (kritisch) Stellung ...*	Eine Problemstellung, einen Sachverhalt mithilfe fachlicher Kenntnisse kritisch prüfen und zu einem Urteil gelangen, dabei einen Wertmaßstab wählen und begründen
Entwickeln Sie ... *Gestalten Sie ...* *Entwerfen Sie ...*	Den eigenen Text in Verbindung mit Textvorlage und einer konkreten Arbeitsanweisung planen und formulieren
Setzen Sie sich auseinander mit ... *Diskutieren Sie ...*	Eine Argumentation zu einer Problemstellung oder These entwickeln; zu einem begründeten Ergebnis gelangen
Erörtern Sie ...	Eine These oder Problemstellung durch Pro-und-Kontraargumente auf Wert und ihre Stichhaltigkeit hin abwägend prüfen und so eine Schlussfolgerung bzw. eigene Stellungnahme entwickeln
Vergleichen Sie ...	Die Unterschiede und Gemeinsamkeiten von zwei Objekten nach sachgerechten Gesichtspunkten genau untersuchen und nicht nur verbindungslos gegenüberstellen
Prüfen Sie ... *Überprüfen Sie ...* *Weisen Sie nach, dass ...*	Die Textaussage, These oder Argumentation, ein Analyseergebnis oder einen Sachverhalt auf der Grundlage eigener Kenntnisse untersuchen, zu einem selbstständigen Ergebnis kommen
Begründen Sie ...	Ein Analyseergebnis oder eine Einschätzung durch entsprechende Belege, Beispiele oder Argumente absichern

3 Thematische Prüfungsaufgaben

Im folgenden Kapitel sind zu den verschiedenen Unterrichtsthemen unterschiedlich schwierige Prüfungsaufgaben (↑S. 191) zusammengestellt. Sie dienen der gezielten Vorbereitung und insbesondere dem Umgang mit fachtypischen Klausurformulierungen, den Operatoren (↑S. 192 ff.).

Seitenverweise geben, sofern möglich, Hinweise zu den Lösungen, die hier nicht dargestellt werden. Vollständige Musterlösungen sind bei den Online-Klausuren zu finden.

3.1 Prüfungsaufgaben zu Sprache und Sprechen

Anforderungsbereich I

- Stellen Sie die dreifachen Funktionen des sprachlichen Zeichens nach der Definition von Karl Bühler dar. (↑S. 10 f.)
- Stellen Sie die Axiome für die menschliche Kommunikation nach Paul Watzlawick zusammen. (↑S. 11 f.)
- Beschreiben Sie das Modell „Anatomie einer Nachricht". (↑S. 13 f.)

Anforderungsbereich II

- Ferdinand De Saussure stellt zu den Grundfragen der allgemeinen Sprachwissenschaft fest, „dass die sprachlichen Zeichen mehr oder weniger schnell umgestaltet werden." Er folgert: „(…) in einem gewissen Sinn kann man zu gleicher Zeit von der Unveränderlichkeit und von der Veränderlichkeit des Zeichens sprechen." Erläutern Sie diese Äußerung. (↑S. 7)
- Analysieren Sie den Text „Ein netter Kerl" von Gabriele Wohmann vor dem Hintergrund des Kommunikationsmodells von Friedemann Schulz von Thun. (↑S. 13)

- Arbeiten Sie die Besonderheiten des Gesprächsverlaufs zwischen Nora und Helmer aus Henrik Ibsens „Nora“ heraus. (↑S. 11f.)
- Vergleichen Sie die beiden Kommunikationsmodelle von Paul Watzlawick und Friedemann Schulz von Thun. (↑S. 11–13)
- Erläutern Sie anhand der im Text „Der Zirkus brennt“ von Joseph Ratzinger beschriebenen Situation, welche Funktion Sprache hat und welche Kommunikationsstörung hier vorliegt. (↑S. 11f.)

Anforderungsbereich III

- Diskutieren Sie vor dem Hintergrund einer Ihnen bekannten Theorie der Sprachwissenschaft des 20. Jahrhunderts, inwiefern die Überlegungen von Wilhelm von Humboldt in seiner Abhandlung „Sprache – eine eigenthümliche Weltsicht“ aus dem 19. Jh. noch Gültigkeit haben. (↑S. 8–13)
- Analysieren Sie den Dialog „Zweites Bettgespräch“ aus der vorliegenden Filmsequenz aus Tom Tykwers Film „Lola rennt“ (1998) unter kommunikativen Aspekten, indem Sie den Kern des Konflikts herausstellen, die Entwicklungsphasen des Konflikts zwischen Manni und Lola untersuchen und die Funktion der Szene für die Filmhandlung bestimmen. (↑S. 10f.)

3.2 Prüfungsaufgaben zum Sprachwandel

Anforderungsbereich I

- Fassen Sie in einem sprachlich konzisen Text die sprachlichen Entwicklungstendenzen der deutschen Gegenwartssprache zusammen. (↑S. 21f.)
- Stellen Sie den Unterschied zwischen Dialekt und Soziolekt dar. (↑S. 23)

Anforderungsbereich II

- Vergleichen Sie die Auseinandersetzung mit dem Thema Liebe im Tagelied „Slafest du, fiedel ziere“ von Dietmar von Aist mit einem modernen Liebesgedicht. (↑S. 19, 29 f.)
- Ordnen Sie den Songtext „Cruisen“ der Rapper „Massive Töne“ auf der Grundlage genauer Stilanalyse und unter Verwendung von Textbelegen einer Sprachvarietät zu. (↑S. 21)

Anforderungsbereich III

- Diskutieren Sie, welche sprachlichen Tendenzen der Gegenwartssprache der Song „MfG – Mit freundlichen Grüßen“ von den „Fantastischen Vier“ hinterfragt, indem Sie auf seine besondere Gestaltung eingehen und den Refrain hierzu in Beziehung setzen. Teilen Sie den Standpunkt der Band „Die Fantastischen Vier“? Nehmen Sie kritisch Stellung. (↑S. 21 f.)
- Analysieren Sie den Auszug aus Gerhard Austs Text „Soll die Schule Sprachnormen als fest, wandelbar oder veränderbar lehren?“ im Hinblick auf die Notwendigkeit einer Unterscheidung zwischen Konvention und Norm und prüfen Sie an Beispielen Ihres eigenen Sprachgebrauchs, in welchen Gesprächssituationen Sie in welcher Weise von Konventionen oder Normen Gebrauch machen. (↑S. 21)

3.3 Prüfungsaufgaben zur Literaturgeschichte: Barock

Anforderungsbereich I

- Wie spiegeln sich die Gräuel des Dreißigjährigen Kriegs im Sonett „Menschliches Elend“ von Andreas Gryphius wider? (↑S. 31 f.)

- Erklären Sie, was man unter einem „Emblem“ versteht. (↑S. 31)
- Die erste deutsche Poetik wurde von Martin Opitz verfasst: „Buch von der Deutschen Poeterey“. Bestimmen Sie den Begriff „Poeterey“ inhaltlich im Begriffsfeld „Poet“, „Poesie“, „Poetik“ und „poetisch“. (↑S. 32 f.)

Anforderungsbereich II

- Erläutern Sie, inwiefern das Titelkupfer zu Grimmelshausens „Der Abentheuerliche Simplicissimus Teutsch“ den Leser deutend auf die Lektüre des Romans vorbereitet. (↑S. 34)
- Erläutern Sie die Bedeutung der Gedichtform des Sonetts in der literarischen Epoche des Barock am Beispiel von Andreas Gryphius' „Tränen des Vaterlandes“ aus dem Jahr 1636. (↑S. 33)

Anforderungsbereich III

- Analysieren Sie „Es ist alles eitel“ von Andreas Gryphius. (↑S. 33 f.)
- Untersuchen Sie, wie in der vorliegenden Szene aus Andreas Gryphius' „Absurda Comica“ die Wirkung des Komischen entsteht und ob der Text die Gattungsmerkmale der Barockkomödie erfüllt. (↑S. 32 f.)

3.4 Prüfungsaufgaben zur Literaturgeschichte: Aufklärung

Anforderungsbereich I

- Beschreiben Sie die Eigenarten und Besonderheiten des Prinzen in Lessings bürgerlichem Trauerspiel „Emilia Galotti“ vor dem Hintergrund seines ersten und seines letzten Auftritts im 1. Aufzug. (↑S. 37 f.)

- Geben Sie wieder, inwiefern durch die Bezeichnung „Kirchhof“ bzw. „Friedhof“ als Ruhestätte Verstorbener grundsätzliche Geisteshaltungen der Aufklärung exemplarisch deutlich gemacht werden können. (↑S. 35)

Anforderungsbereich II

- Erklären Sie die Formulierung August Wilhelm Schlegels, dass die Aufklärung „überall auf halbem Wege stehen bleibt“. (↑S. 36)
- Vergleichen Sie die Abbildungen des französischen Gartens und des englischen Landschaftsgartens und setzen Sie die Merkmale der jeweiligen architektonischen Gestaltung zu zentralen Begriffen der Aufklärung in Beziehung. (↑S. 36)
- Untersuchen Sie Immanuel Kants Verständnis von Aufklärung auf der Grundlage seiner Schrift „Beantwortung der Frage: Was ist Aufklärung?“ (↑S. 36)

Anforderungsbereich III

- Wie beurteilen Sie den Aktualitätsgrad der Ringparabel aus Lessings Drama „Nathan der Weise“? (↑S. 37)
- Setzen Sie sich auf der Grundlage der drei Textauszüge mit der Auffassung vom Menschen der Philosophen Jean-Jacques Rousseau, Thomas Hobbes und Immanuel Kant auseinander. (↑S. 36)

3.5 Prüfungsaufgaben zur Literaturgeschichte: Sturm und Drang

Anforderungsbereich I

- Stellen Sie anhand der gegebenen Szene aus Schillers „Kabale und Liebe“ in tabellarischer Form stichpunktartig gegenüber, wie sich die Lebensanschauungen Ferdinands und des Präsidenten unterscheiden.

- Fassen Sie die Aussagen des Augenzeugenberichts zur Uraufführung von Schillers Drama „Die Räuber" (1782) zusammen. (↑S. 40f.)

Anforderungsbereich II

- Untersuchen Sie die sprachliche Gestaltung in Goethes Gedicht „Prometheus" (↑S. 43f.)
- Untersuchen Sie die Bedeutung des Gefühls in der vorliegenden Szene aus Schillers „Die Räuber". (↑S. 40)

Anforderungsbereich III

- Begründen Sie aufgrund des Textauszugs, inwiefern die Figur Karl von Moors aus Schillers Drama „Die Räuber" als ein Vertreter des Sturm und Drang aufgefasst werden kann.
- Setzen Sie sich mit den Besonderheiten der Darstellung, insbesondere mit Satzbau und Stil, in Goethes Schrift „Von deutscher Baukunst" auseinander. (↑S. 41)

3.6 Prüfungsaufgaben zur Literaturgeschichte: Weimarer Klassik

Anforderungsbereich I

- Skizzieren Sie die Begriffe „klassisch" und „Klassik".
- Geben Sie wieder, wie Madame de Staël das Fürstentum Weimar in ihrem Bericht „Über Deutschland" beschreibt. (↑S. 45)
- Fassen Sie zusammen, welche Lebensmaximen in Goethes Gedicht „Das Göttliche" zum Ausdruck kommen. (↑S. 48)

Anforderungsbereich II

- Erläutern Sie das Verhältnis von Freiheit und Gesetz in Goethes Sonett „Natur und Kunst" und erschließen Sie dessen programmatische Bedeutung für die Epoche. (↑S. 48)

- Erörtern Sie, inwiefern es berechtigt ist, den Beginn der literarischen Epoche der Klassik in Deutschland mit Goethes italienischer Reise anzusetzen. (↑S. 45)
- Welche Aufschlüsse gibt Goethes Text „Literarischer Sansculottismus“ über das Klassikverständnis? (↑S. 51)

Anforderungsbereich III

- Untersuchen Sie die Bedeutung der Naturvorgänge in den Goethe-Gedichten „Grenzen der Menschheit“ und „Das Göttliche“ und prüfen Sie, ob man erkennen kann, welche Gottes- oder Göttervorstellung den Gedichten zugrunde liegt. (↑S. 48)
- Analysieren Sie die Abhandlung „Über Anmuth und Würde“ im Hinblick auf die zentralen Begriffe „schöne Seele“ und „Anmuth“ bzw. „sittliche Haltung“ und „Würde“ und stellen Sie diese zu den konkreten Handlungsoptionen in Beziehung, so wie Schiller sie in seinem Brief an Christian Gottfried Körner beschreibt. (↑S. 46)
- Diskutieren Sie, inwiefern Goethes Schauspiel „Iphigenie auf Tauris“ als eines der epochentypischsten Dramen der Weimarer Klassik bewertet werden kann. Erörtern Sie im Anschluss daran, inwieweit das Drama andererseits der Tradition der Aufklärung verpflichtet ist. (↑S. 51)

3.7 Prüfungsaufgaben zur Literaturgeschichte: Romantik

Anforderungsbereich I

- Nennen Sie Vorstellungen, die üblicherweise mit dem Wort „romantisch“ verbunden werden. (↑S. 52f.)
- Skizzieren Sie die besonderen Merkmale der „Frühromantik“, „mittlere Romantik“ und „Spätromantik“ als Phasen der übergreifenden literarischen Epoche „Romantik“. (↑S. 52)

Anforderungsbereich II

- Arbeiten Sie vor dem Hintergrund der Bilder von Caspar David Friedrich zentrale Motive und Symbole der Romantik heraus. (↑S. 54 f.)
- Stellen Sie dar, was Friedrich Schlegel unter dem Begriff „progressive Universalpoesie“ versteht. (↑S. 53)
- Arbeiten Sie aufgrund der vorliegenden Fragmente Novalis' Auffassung von Dichtung heraus. (↑S. 53)
- Untersuchen Sie die Bedeutung des Traums als Thema und Motiv in Novalis Werk „Das Märchen von Hyazinth und Rosenblüthchen“. (↑S. 56)

Anforderungsbereich III

- Verfassen Sie einen fiktiven Tagebucheintrag, sodass darin das Lebenskonzept von Karoline von Günderode deutlich wird. (↑S. 52)
- Untersuchen Sie das Verhältnis von Literatur und Musik zur Zeit der Romantik am Beispiel von Eichendorffs Gedicht „Mondnacht“ und der Vertonung von Robert Schumann. (↑S. 52)
- Setzen Sie Joseph von Eichendorffs Werk „Aus dem Leben eines Taugenichts“ zu Thomas Manns Novelle „Tonio Kröger“ in Beziehung, indem Sie die Kunstauffassung des Taugenichts mit derjenigen Tonios auf der Grundlage der vorgegebenen Textstellen vergleichen. (↑S. 57)

3.8 Prüfungsaufgaben zur Literaturgeschichte: Junges Deutschland, Vormärz und Biedermeier

Anforderungsbereich I

- Beschreiben Sie anhand der vorliegenden Texte den Weberaufstand im Sommer 1844. (↑S. 57)

- Stellen Sie aufgrund des biografischen Abrisses dar, welche Wirkung Georg Büchners Flugschrift „Der Hessische Landbote“ hatte. (↑S. 60)

Anforderungsbereich II

- Beschreiben Sie, in welch unterschiedlicher Weise die beiden literarischen Strömungen „Junges Deutschland“ und „Biedermeier“ auf die gesellschaftlichen und politischen Veränderungen im Zuge der industriellen Revolution reagieren. (↑S. 58)
- Untersuchen Sie, inwiefern Georg Büchners „Brief an die Braut“ als Dokument des Atheismus bezeichnet werden kann und analysieren Sie, welches Menschenbild in dieser Briefpassage deutlich wird. (↑S. 60)
- Vergleichen Sie die politischen Intentionen des Gedichts von Max Schneckenburgers „Die Wacht am Rhein“ mit Georg Herweghs Gedicht „Der Freiheit eine Gasse“. (↑S. 59)
- Erläutern Sie anhand des vorliegenden Textauszugs aus Adalbert Stifters Erzählung „Bergkristall“, auf welche Weise sich das von Stifter im Vorwort seiner Erzählsammlung „Bunte Steine“ genannte „sanfte Gesetz“ hier zeigt. (↑S. 61)

Anforderungsbereich III

- Entwerfen Sie eine Fortsetzung der Rede Dantons aus Georg Büchners Drama „Dantons Tod“, in der er auf die Ausführungen St. Justs (Akt II, Szene 7) reagiert. (↑S. 60)
- Analysieren Sie Heinrich Heines Gedicht „Anno 1839“ im Hinblick darauf, welches Bild von Deutschland Heine nach seiner Emigration nach Paris hier zeichnet. (↑S. 59, 62)
- Bewerten Sie die ästhetische Qualität des Gedichts „Der Knabe im Moor“ von Annette von Droste Hülshoff, indem Sie die akustische Gestaltung als Ausgangspunkt Ihrer Überlegungen wählen. (↑S. 61)

3.9 Prüfungsaufgaben zur Literaturgeschichte: Realismus und Naturalismus

Anforderungsbereich I

- Stellen Sie dar, warum Roman und Novelle die bestimmenden literarischen Gattungen des Realismus sind. (↑S. 64)
- Geben Sie die Gründe wieder, worin Gustav Freytag in seinem Zeitungsartikel die Auslöser für das „Trauerspiel“ der schlesischen Weber sieht.

Anforderungsbereich II

- Untersuchen Sie, welche Elemente des bürgerlichen Realismus den Romananfang von Theodor Fontanes „Irrungen, Wirrungen“ kennzeichnen. (↑S. 64 f.)
- Arbeiten Sie Aufbau, Stimmung und Haltung des lyrischen Ichs im Gedicht „Die Stadt“ von Theodor Storm heraus und erklären Sie, was hier unter Heimat verstanden wird. (↑S. 65)
- Erläutern Sie das Verhältnis der Autoren des bürgerlichen Realismus zu den Klassikern. (↑S. 61)

Anforderungsbereich III

- Analysieren Sie den Dialogauszug aus dem zweiten Akt aus Gerhart Hauptmanns Werk „Die Weber“ vor dem Hintergrund der naturalistischen Literaturtheorie. (↑S. 67)
- Bertolt Brecht spricht von der „Weite und Vielfalt“ im Zusammenhang mit der realistischen Schreibweise. Prüfen Sie, ob diese Einschätzung Brechts mithilfe der Textbeispiele von Adalbert Stifter, Theodor Fontane und Gerhart Hauptmann begründet werden kann.
- Analysieren Sie die psychologische Motivation in Otto Ludwigs Erzählung „Zwischen Himmel und Erde“ und setzen Sie sich mit der Frage auseinander, ob die Erzählung als „realistisch“ gelten kann. (↑S. 64)

3.10 Prüfungsaufgaben zur Literaturgeschichte: Literatur der Jahrhundertwende

Anforderungsbereich I

- Fassen Sie die vorliegenden Informationen über den altrömischen Gott Janus zusammen und beschreiben Sie anschließend das Titelbild der Zeitschrift „Jugend“ (Januar-Heft, 1900, Nr. 1). (↑S. 68 f.)
- Beschreiben Sie die bildlichen Darstellungen von Georg Seurat, Vincent von Gogh und Edvard Munch.

Anforderungsbereich II

- Stellen Sie nach der Lektüre von Hugo von Hofmannsthals „Der Brief des Lord Chandos“ dar, welche Fähigkeiten dem fiktiven Briefschreiber abhanden gekommen sind. (↑S. 70 f.)
- Untersuchen Sie, wie sich Friedrich Nietzsches Bestimmungen des Dionysischen und Apollinischen auf die literarische Figur Gustav von Aschenbachs in Thomas Manns Novelle „Der Tod in Venedig“ beziehen lassen. (↑S. 71)

Anforderungsbereich III

- Vergleichen Sie den Anfang von Rainer Maria Rilkes Roman „Die Aufzeichnungen des Malte Laurids Brigge“ mit dem Beginn von Theodor Fontanes „Effi Briest“, um die literarische Neuorientierung zu Beginn des 20. Jahrhunderts herauszuarbeiten. (↑S. 70)
- Analysieren Sie die gegebene Textstelle aus Heinrich Manns Roman „Professor Unrat“ im Hinblick auf die Brüchigkeit der bürgerlichen Gesellschaft. (↑S. 71)
- In Hugo von Hofmannsthals Erzählung „Das Märchen der 672. Nacht“ heißt es: „Doch er fühlte ebenso die Nichtigkeit aller dieser Dinge wie ihrer Schönheit“. Begründen Sie, inwiefern diese Äußerung Kennzeichnungen der Literatur der Jahrhundertwende entgegensteht. (↑S. 68 ff.)

3.11 Prüfungsaufgaben zur Literaturgeschichte: Expressionismus und Literatur der Weimarer Republik

Anforderungsbereich I

- Nennen Sie die Besonderheiten der Gedichtsammlung „Morgue und andere Gedichte“ von Gottfried Benn. (↑S. 72 f.)
- Fassen Sie vor dem Hintergrund der Textausschnitte und Bildbeispiele zusammen, welche Bedeutung der Lebensraum der Stadt gewinnt. (↑S. 73)

Anforderungsbereich II

- Vergleichen Sie das Verhältnis des Sprechers zum dargestellten Erlebnis in Georg Heyms Gedicht „Der Abend“ mit Situation und Reaktion des lyrischen Ichs in Joseph von Eichendorffs „Mondnacht“. (↑S. 74)
- Stellen Sie aus der Vorrede zur Gedichtanthologie „Menschheitsdämmerung“ von Kurt Pinthus die besonderen Kennzeichen des Expressionismus heraus. (↑S. 74)
- Analysieren Sie den Anfang des Romans „Der Prozess“ von Franz Kafka und vergleichen Sie die Erzählperspektive mit den vorliegenden Romananfängen. (↑S. 79)
- Untersuchen Sie die Gestaltungsmerkmale des vorliegenden Romanauszugs aus Alfred Döblins „Berlin Alexanderplatz“. (↑S. 76 f.)

Anforderungsbereich III

- Interpretieren Sie das Gedicht „Städter“ von Alfred Wolkenstein mit Blick auf die Bedeutung des Themas Großstadt für die Kunst des Expressionismus. (↑S. 73 f.)
- Analysieren Sie die Szene der Denkmalsenthüllung aus Heinrich Manns Roman „Der Untertan“, sodass insbesondere deren satirische Gestaltung deutlich wird. (↑S. 81)

- Prüfen Sie, ob das Gedicht „Blauer Abend in Berlin“ von Oskar Loerke der literarischen Epoche des Expressionismus zugeordnet werden kann. (↑S. 73 f.)
- Analysieren Sie das Verhältnis von Vater und Sohn in Franz Kafkas Erzählung „Die Verwandlung“. (↑S. 79)

3.12 Prüfungsaufgaben zur Literaturgeschichte: Literatur zwischen 1933 und 1945

Anforderungsbereich I

- Stellen Sie dar, was man unter dem Schlagwort „innere Emigration“ versteht. (↑S. 83)
- Stellen Sie die Bedeutung der Machtübernahme der Nationalsozialisten 1933 für Intellektuelle und Autoren in Deutschland dar. (↑S. 81)

Anforderungsbereich II

- Erklären Sie anhand der theoretischen Formulierungen Bertolt Brechts die Grundzüge seiner epischen Dramaturgie. (↑S. 78)
- Vergleichen Sie die Lebenserfahrungen im Exil in Klaus Manns autobiografischer Schrift „Der Wendepunkt“ und Leon Feuchtwangers Roman „Der Schriftsteller im Exil“. (↑S. 81 f.)
- Erläutern Sie die Funktion des Epilogs in Bertolt Brechts Drama „Der gute Mensch von Sezuan“. Berücksichtigen Sie hierbei auch die Gegenüberstellung von „dramatischer Form des Theaters“ und „epischer Form des Theaters“. (↑S. 78)

Anforderungsbereich III

- Vergleichen Sie die Texte des „Salomon-Songs“ in der „Dreigroschenoper“ (III, 7) und in „Mutter Courage und ihre Kinder“ von Bertolt Brecht. (↑S. 78 f.)

- Analysieren Sie das Gedicht „Mein Herz, mein Löwe“ von Ricarda Huch und beurteilen Sie, wie ein Anhänger des Nationalsozialismus das Gedicht deuten konnte, wie aber die Leser der Dichterin, die deren Gegnerschaft zu den Nazis kannten, das Gedicht verstanden haben. (↑S. 83 f.)
- Analysieren Sie die Paarbeziehungen Faust – Mephisto in Goethes „Faust I“ und die Beziehung Höfgen – Ministerpräsident in Klaus Manns Roman „Mephisto“ im Hinblick auf Klaus Manns intendierte Gesellschaftskritik. (↑S. 82)

3.13 Prüfungsaufgaben zur Literaturgeschichte: Nachkriegsliteratur

Anforderungsbereich I

- Nennen Sie Mitglieder der „Gruppe 47“ und geben Sie ihre Zielsetzungen wieder. (↑S. 85)
- Fassen Sie zusammen, was man unter „Trümmerliteratur“ versteht. (↑S. 85)

Anforderungsbereich II

- Untersuchen Sie, inwiefern Paul Celan sein Gedicht „Todesfuge“ nach den Konstruktionselementen der Doppelfuge gestaltet hat. (↑S. 87)
- Analysieren Sie das Gedicht „Inventur“ von Günter Eich, indem Sie insbesondere die innere Verfassung des schreibenden Ichs in den Blick nehmen. (↑S. 85)

Anforderungsbereich III

- Analysieren Sie die Kurzgeschichte „Nachts schlafen die Ratten doch“ von Wolfgang Borchert. (↑S. 87)
- „Poesie wie Brot? Dieses Brot müsste zwischen den Zähnen knirschen und den Hunger wiedererwecken, ehe es ihn stillt.“ Setzen Sie sich mit den Deutungsmöglichkeiten dieses Denk-

ansatzes von Ingeborg Bachmann aus ihren Frankfurter Vorlesungen auseinander und prüfen Sie, ob diese Forderung auf ihr Gedicht „Alle Tage“ aus dem Jahr 1959 zutrifft. (↑S. 86)

3.14 Prüfungsaufgaben zur Literaturgeschichte: Literatur der Deutschen Demokratischen Republik

Anforderungsbereich I

- Stellen Sie die kulturpolitischen Forderungen der SED und die Aufgaben der Literatur in diesem Zusammenhang dar. (↑S. 88 f.)
- Geben Sie wichtige Ereignisse in der Biografie von Reiner Kunze wieder. (↑S. 89 f.)

Anforderungsbereich II

- Erschließen Sie den Zusammenhang zwischen der Aussage des Gedichts „Das Ende der Kunst“ von Reiner Kunze und der künstlerischen Gestaltung als Fabel. (↑S. 89, 92)
- Erschließen Sie die wesentlichen Merkmale der Literatur des sogenannten „sozialistischen Realismus“.

Anforderungsbereich III

- Interpretieren Sie das Gedicht „Das Hölderlin-Lied“ von Wolf Biermann, sodass deutlich wird, welche Anknüpfungspunkte zwischen dem Schicksal Friedrich Hölderlins und der Situation Biermanns existieren. (↑S. 88 f.)
- Vergleichen Sie die Brüche in revolutionären Bewegungen im Textausschnitt von Christoph Heins Drama „Cromwell“ und Georg Büchners Stück „Dantons Tod“ und begründen Sie, inwiefern die jeweilige Darstellung zeittypisch ist. (↑S. 89)

3.15 Prüfungsaufgaben zur Literaturgeschichte: Literatur der Bundesrepublik Deutschland, der Schweiz und Österreichs

Anforderungsbereich I

- Nennen Sie die Merkmale der Postmoderne (↑S. 96)
- Geben Sie Begriffe zum Wortfeld „Recht und Gerechtigkeit" aus Friedrich Dürrenmatts tragischer Komödie „Der Besuch der alten Dame" wieder. (↑S. 98)

Anforderungsbereich II

- Untersuchen Sie das Kompositionsprinzip in Ingeborg Bachmanns Gedicht „Reklame". (↑S. 96)
- Arbeiten Sie auf der Grundlage des Auszugs aus Friedrich Dürrenmatts Schrift „Theaterprobleme" heraus, welche Wirkungsabsicht dem Theater zugeschrieben wird. (↑S. 98)
- Untersuchen Sie den Textauszug aus dem zwölften Bild von Max Frischs Drama „Andorra" und vergleichen Sie die dramaturgische Gestaltung dieser Szene mit dem fünften Akt eines klassischen Dramas. (↑S. 99, 138 f.)

Anforderungsbereich III

- Setzen Sie sich mit der Frage auseinander, ob Kassandra in Christa Wolfs gleichnamigem Roman als Frauenfigur im Widerspruch von Emanzipation und Resignation steht. (↑S. 95)
- Untersuchen Sie auf der Grundlage des gegebenen Textauszugs die Bezüge des Romans „Das Parfüm" von Patrick Süskind zu Heinrich von Kleists Novelle „Michael Kohlhaas" und zum Alten Testament. (↑S. 98)
- Setzen Sie sich mit dem Schlüsselsatz „Keinem bleibt seine Gestalt" aus Christoph Ransmayrs Roman „Die letzte Welt", den er aus Ovids „Metamorphosen" übernommen hat, auseinander. (↑S. 98)

3.16 Prüfungsaufgaben zur Literaturgeschichte: Literatur nach 1990

Anforderungsbereich I

- Beschreiben Sie das Verhalten der vier Personen in Julia Francks Kurzgeschichte „Streuselschnecke". (↑S. 101)
- Geben Sie Charaktermerkmale von Elias Alder aus Robert Schneiders Roman „Schlafes Bruder" wieder. (↑S. 103)

Anforderungsbereich II

- Arbeiten Sie auf der Grundlage der Textzitate aus Bernhard Schlinks Roman „Der Vorleser" heraus, welche Probleme im Umgang mit Schuld angesprochen werden. (↑S. 104)
- Analysieren Sie den Textauszug aus dem Roman von Ingo Schulze „Simple Storys", indem Sie die Bedeutung der scheinbar unwichtigen Alltagsbegebenheiten erschließen. (↑S. 102)
- Vergleichen Sie auf der Grundlage der Analyse des Textauszugs aus Robert Schneiders Roman „Schlafes Bruder" die Liebesbeziehung zwischen Elias und Elsbeth mit derjenigen zwischen Lou und der kleinen Schneiderin aus Dai Sijies Roman „Balzac und die kleine chinesische Schneiderin". (↑S. 103)

Anforderungsbereich III

- Analysieren Sie den Auszug aus dem Roman „Schlafes Bruder" von Robert Schneider und arbeiten Sie mit Blick auf das Ende des Romans heraus, welche Aspekte für die Beziehung zwischen Elias und Elsbeth kennzeichnend sind. (↑S. 103)
- Setzen Sie sich auf der Grundlage des Textauszugs „Mutterzunge" mit der Frage auseinander, warum die zweisprachige Autorin Emine Sevgi Özdamar nicht in ihrer türkischen Muttersprache, sondern in Deutsch schreibt. (↑S. 105)

3.17 Prüfungsaufgaben zu den literarischen Gattungen

Anforderungsbereich I

- Im antiken Athen wurden zu den „Dionysien", den religiösen Festen zu Ehren des Gottes Dionysos, kultische Chorlieder gesungen. Beschreiben Sie, wie sich hieraus die griechische Tragödie entwickeln konnte. (↑S. 133)
- Stellen Sie die Besonderheiten des Schelmenromans dar. (↑S. 129)
- Geben Sie die Merkmale von Kurzgeschichten wieder. (↑S. 87, 130 f.)

Anforderungsbereich II

- Stellen Sie dar, wie Aristoteles die Tragödie in seiner „Poetik" definiert. Nehmen Sie insbesondere Bezug auf die Begriffe „éleos", „phóbos" und „kátharsis". (↑S. 38)
- Erläutern Sie, inwiefern Lessings Trauerspiel „Emilia Galotti" wie eine klassische Tragödie aufgebaut ist. (↑S. 138 f.)
- Stellen Sie dar, was man unter der Gedichtform des Sonetts versteht und arbeiten Sie deren Bedeutung für die europäische Literatur, ausgehend von Italien, heraus. (↑S. 120)
- Vergleichen Sie die Dramenkonzeptionen von Bertolt Brecht und Friedrich Dürrenmatt: Wo sehen Sie Gemeinsamkeiten, wo Unterschiede? (↑S. 78)

Anforderungsbereich III

- Weisen Sie nach, dass Friedrich Hebbels „Maria Magdalena" in der Tradition von Lessings „Emilia Galotti" und Schillers „Kabale und Liebe" als bürgerliches Trauerspiel bezeichnet werden kann. (↑S. 37 f.)
- Bewerten Sie, inwiefern Merkmale in Schillers Drama „Don Carlos", die auf die Epoche des „Sturm und Drang" verweisen, mit einer klassischen Gestaltung vereinbar sind (↑S. 46, 137 f.)

3.18 Prüfungsaufgaben zur Sachtextanalyse

Anforderungsbereich I

- Bestimmen Sie, was man unter „Parodie" bzw. „Travestie" versteht. (↑S. 164)
- Benennen Sie, welche Arten von Argumenten im vorliegenden Text verwendet werden. (↑S. 172)
- Beschreiben Sie die Redesituation für die Verteidigungsrede des Sokrates. (↑S. 167)
- Benennen Sie, welche Erwartungen im Hinblick auf seine Hörer in Gustav Heinemanns „Rede an die Bevölkerung der Bundesrepublik" (1968) deutlich werden. (↑S. 167)

Anforderungsbereich II

- Arbeiten Sie aus der gegebenen Redepassage aus John F. Kennedys „Berliner Rede" die Schlüsselwörter und Leitbegriffe heraus und ordnen Sie diesen zentrale Redeabsichten zu. (↑S. 168)
- Nehmen Sie begründet Stellung, inwiefern es Peter Härtling in seinem Essay „Lest, Leute! Lest weiter!" gelingt, zum Lesen von Romanen anzuregen. (↑S. 169)
- Analysieren Sie die Argumentationsstruktur der Fernsehansprache von Bundespräsident Horst Köhler. (↑S. 169)
- Zeigen Sie am Beispiel von Joseph Goebbels sog. „Sportpalastrede", welche unmittelbaren Faktoren der Kommunikationssituation im Sportpalast auf die Rede Einfluss genommen haben. (↑S. 13 f., 169 f.)
- Untersuchen Sie die sprachstilistischen Mittel im Text „Nachdenken über Heimat. Fremde und Zuhause im Spiegel deutscher Poesie" von Walter Jens und prüfen Sie, ob eine bestimmte Intention erkennbar ist oder ob man den Text als „polyfunktional" bezeichnen muss. (↑S. 21 f.)
- Erläutern Sie anhand des vorliegenden Textes die Bedeutung des Internets als Medium der Aufklärung. (↑S. 103)

Anforderungsbereich III

- Analysieren Sie die Rede von Václav Havel in der Frankfurter Paulskirche anlässlich der Verleihung des Friedenspreises des Deutschen Buchhandels, indem Sie auf die Redesituation, das Thema und den Inhalt der Rede, ihren Aufbau und die sprachliche Gestaltung eingehen. (↑S. 168 f.)
- Beurteilen Sie kritisch Inhalt und Gestaltung der sog. „Sportpalastrede" von Joseph Goebbels. (↑S. 168 f.)
- Beurteilen Sie, ob Josephs Goebbels Rede zum „totalen Krieg", die er 1943 im Berliner Sportpalast hielt, tatsächlich wie nach seiner Selbsteinschätzung ein „rhetorisches Glanzstück" ist. (↑S. 168 f.)
- Setzen Sie sich mit der Behauptung „Wer von Ideologie spricht, ist in Ideologie verstrickt." von Hans Dieter Zimmer auseinander.

3.19 Prüfungsaufgaben zur Erörterung

Anforderungsbereich I

- Skizzieren Sie, wie sich die lineare Erörterung von der dialektischen Erörterung unterscheidet und welche Vorzüge die jeweilige Form der Erörterung in der Auseinandersetzung bietet. (↑S. 179)
- Geben Sie die verschiedenen Argumenttypen und ihre Funktionen wieder. (↑S. 179)

Anforderungsbereich II

- Analysieren Sie den Argumentationsansatz und -aufbau des Vorworts von Dietrich Schwanitz an seine Leser in seinem Bestseller „Bildung. Alles, was man wissen muss." (↑S. 173)
- Erörtern Sie in Form eines Essays, ob Computerspiele mit exzessiven Gewaltdarstellungen aus erzieherischen Gründen für Jugendliche verboten werden sollten. (↑S. 178 f.)

Anforderungsbereich III

- Entwerfen Sie einen Kurzvortrag, in dem Sie vor dem Hintergrund des Zeitungsartikels „Bleiben Sie dran“ aus der Süddeutschen Zeitung (17. 2. 2001) den Zusammenhang von Medienzeitalter und der Forderung des Attentäters von Oklahoma, Timothy J. McVeigh, öffentlich hingerichtet zu werden, erörtern. (↑S. 174 f.)
- Beurteilen Sie, inwiefern sich Umberto Eco in seinem Essay „Wie man das Mobiltelefon nicht benutzt“ kritisch mit unserem Medienzeitalter auseinandersetzt. (↑S. 174 f.)

3.20 Prüfungsaufgaben zum kreativen Schreiben

- Lesen Sie die den vorliegenden Brief aus Goethes Roman „Die Leiden des jungen Werthers“ (1774) und verfassen Sie einen Antwortbrief Wilhelms, in dem er kritisch Werthers Lebensführung vor Augen hält.
- Schreiben Sie die Erzählung „Schöne Ferien“ von Gabriele Wohmann um, indem Sie die Erzählperspektive eines auktorialen Erzählers wählen.
- Gestalten Sie aus der Kürzestgeschichte „Psst“ von Botho Strauss eine kurze Theaterszene. Verdeutlichen Sie Einzelheiten der Szene durch entsprechende Regieanweisungen.
- Claudias Tochter Emilia in Lessings bürgerlichem Trauerspiel „Emilia Galotti“ „stürzet in einer ängstlichen Verwirrung herein“ (II, 6) und berichtet ihrer Mutter von ihrem Treffen mit dem Prinzen in der Kirche. Schreiben Sie den Dialog zwischen Prinz und Emilia in der Kirche vor dem Hintergrund von Emilias Bericht.
- Schreiben Sie einen inneren Monolog für die Person in Samuel Becketts „Spiel ohne Worte I“.
- Gestalten Sie Franz Kafkas Erzählung „Heimkehr“ so um, dass sich eine gelingende Heimkehr ergibt.

Name	Beschreibung	Beispiel
Alliteration	Wiederkehr des gleichen Anlauts in aufeinanderfolgenden Worten	Fließe, fließe, lieber Fluss! (Goethe, „An den Mond“)
Anakoluth	Satzbruch durch Veränderung der Konstruktion	Deine Mutter glaubt nie, dass du vielleicht erwachsen bist, und kannst für dich selbst aufkommen. (Uwe Johnson, „Mutmaßungen über Jakob“)
Anapher	Wiederholung desselben Wortes oder derselben Wortgruppe am Anfang aufeinanderfolgender Sätze oder Satzglieder	Das Wasser rauscht', das Wasser schwoll. (Goethe, „Der Fischer“)
Anastrophe	Umkehrung der syntaktisch geläufigen Wortstellung	Röslein rot statt rotes Röslein
Antithese	Kombination von Begriffen oder Gedanken, die in einem direkten Gegensatz stehen	Himmel und Hölle Gut und Böse
Apostrophe	Anruf, feierliche oder betonte Anrede an das Publikum, an Abwesende oder an Dinge	Wo ehedem ein Gras war, da sitzest jetzt du, Öltank! (Bertolt Brecht)
Asyndeton	Reihung gleichgeordneter Wörter oder Satzteile ohne Konjunktion	Ich kam, ich sah, ich siegte.
Chiasmus	symmetrische Überkreuzstellung von aufeinander bezogenen Redeteilen	Die Kunst ist lang, und kurz ist unser Leben. (Goethe)
Ellipse	unvollständiger Satz, Auslassen von einem oder mehreren Satzteilen, die leicht zu ergänzen sind	Was nun?

Name	Beschreibung	Beispiel
Klimax	sich steigernde Reihung von Wörtern oder Satzteilen	Ist Feuer, Pest und Tod, der Herz und Geist durchfähret. (Andreas Gryphius, „Tränen des Vaterlandes“)
Litotes	Hervorhebung eines Begriffes durch Verneinung des Gegenteils	nicht unbekannt
Metapher	bildlicher Ausdruck, bei dem die Wörter nicht in ihrer eigentlichen, sondern in übertragener Bedeutung verwendet werden	Achill war ein Löwe in der Schlacht.
Oxymoron	Verbindung von sich dem Wortsinn nach widersprechenden Begriffen	bittersüß kalte Glut
Parallelismus	Wiederholung derselben Wortreihenfolge oder Satzkonstruktion	Als ich noch ein Kind war, redete ich wie ein Kind, dachte ich wie ein Kind, urteilte ich wie ein Kind. (1. Korintherbrief, 13, 11)
Parenthese	grammatisch selbstständiger Einschub in einen Satz	Er ist – was ich sympathisch finde – ein wenig schusselig.
Personifikation	Vermenschlichung von Gegenständen, Naturerscheinungen oder Dingen	Mutter Natur
Polysyndeton	Verknüpfung von Wörtern, Wortgruppen oder Sätzen durch dieselbe Konjunktion	Und es wallet und siedet und brauset und zischt. (Schiller, „Der Taucher“)
Zeugma	Zuordnung desselben Wortes oder Satzteils zu mehreren Satzteilen	Er warf einen Blick in die Zeitung und die Zigarette in den Aschenbecher.

Bibliografische Information der Deutschen Nationalbibliothek
Die Deutsche Nationalbibliothek verzeichnet diese Publikation in der Deutschen Nationalbibliografie; detaillierte bibliografische Daten sind im Internet über http://dnb.d-nb.de abrufbar.

3., aktualisierte Auflage

Bibliographisches Institut GmbH
Mecklenburgische Straße 53, 14197 Berlin

Redaktionelle Leitung Heike Krüger-Beer
Redaktion Dr. Christine Schlitt, Nicole Stegelmeyer
Autoren Monika Bornemann, Michael Bornemann, Dr. Christine Schlitt

Herstellung Annette Scheerer
Typografisches Konzept Horst Bachmann
Umschlaggestaltung Michael Acker
Bildrechte Umschlag innen Carl Hanser Verlag, München: Genazino, Mosebach; Verlag Klett-Cotta, Stuttgart: Rothfuss; Nora Gomringer; Foto © Anny Maurer: Gomringer; picture-alliance/akg-images, Frankfurt am Main: Alexanderplatz, Eichendorff, Heine, Nathan der Weise; picture-alliance/dpa, Frankfurt am Main: Hauptmann; picture-alliance/kpa photo archive, Frankfurt am Main: Becker, Fontane; Rowohlt Verlag, Reinbek: Kehlmann, Klein, Pelzer, Wagner; Verlag Galiani, Berlin: Wawerzinek; Ullstein Buchverlage, Berlin: Gatza
Satz BUCHprojekt, Ernen (Schweiz)
Druck und Bindung CPI books GmbH, Birkstraße. 10, 25917 Leck
Printed in Germany

ISBN 978-3-411-70843-7
Auch als E-Book erhältlich unter: ISBN 978-3-411-90704-5
www.duden.de